古典文獻研究輯刊

十二編

潘美月・杜潔祥 主編

第 10 冊

李贄著作研究（下）

王冠文 著

國家圖書館出版品預行編目資料

李贄著作研究（下）／王冠文 著 — 初版 — 新北市：花木蘭
文化出版社，2011〔民100〕
目 4+186 面；19×26 公分
（古典文獻研究輯刊 十二編；第10冊）
ISBN：978-986-254-403-7（精裝）
1.（明）李贄 2.個人著述目錄 3.著述考
011.08   100000211

古典文獻研究輯刊
十二編 第 十 冊   ISBN：978-986-254-403-7

李贄著作研究（下）

作　　　者　王冠文
主　　　編　潘美月　杜潔祥
總 編 輯　杜潔祥
企劃出版　北京大學文化資源研究中心
出　　　版　花木蘭文化出版社
發 行 所　花木蘭文化出版社
發 行 人　高小娟
聯絡地址　新北市永和區中正路五九五號七樓之三
　　　　　　電話：02-2923-1455／傳眞：02-2923-1452
網　　　址　http://www.huamulan.tw 信箱 sut81518@ms59.hinet.net
印　　　刷　普羅文化出版廣告事業
初　　　版　2011 年 3 月
定　　　價　十二編 20 冊（精裝）新台幣 31,000 元

李贄著作研究（下）

王冠文　著

目

次

第二節　李贄身後由他人編輯刊刻之書

2-1　史　部

一、《續藏書》／《李氏續藏書》

（一）提　要

《四庫全書總目》〈續藏書提要〉：〔註359〕

《續藏書》二十七卷，兩江總督採進本，明李贄撰。贄所著《藏書》，為小人無忌憚之尤。是編又輯明初以來事業較著者若干人，以續前書之未備。其書分開國名臣、開國功臣、遜國名臣、靖難功臣、內閣輔臣、勳封名臣、經濟名臣、理學名臣、忠節名臣、孝義名臣、文學名臣、郡縣名臣諸目。

因自記其本朝之事，故議論背誕之處，比《藏書》為略少。然冗雜顛倒，不可勝舉。如一劉基也，既列之開國名臣，又列之開國功臣。一方孝孺也，既列之遜國名臣，又列之文學名臣。經濟本無大小，安見守令設施不足以當經濟，乃於經濟名臣外，別立郡縣名臣？又王褘殉節滇南，不入之忠節傳中，而列之開國臣內。種種踳駁，毫無義例，總無一長之可取也！

（二）序　文

1.〈續藏書序〉〔註360〕

李宏甫《藏書》一編，余序而傳之久矣。而於國朝事未脩，因取余家藏名公事跡緒正之，未就而之通州。久之，宏甫歿，遺書四出，學者爭傳誦之。其實真贗相錯，非盡出其手也。歲己酉，眉源蘇公弔宏甫之墓，而訪其遺編於馬氏，於是《續藏書》始出。余鄉王君維儼梓行之，而屬余引其簡端。

余謂前史有紀、有志、有列傳，其體乃具。宏甫前後二編，列傳獨詳，

〔註359〕見《四庫全書總目》卷50・史部6・別史類・別史類存目。
〔註360〕本序文據上海圖書館藏明萬曆39年（1611）王惟儼刻本輸入。

扵紀若志缺如也。而列傳之中，又獨存其美者。昔楚史名《檮杌》，《春秋》則亂臣賊子之戒，每拳拳焉。豈宏甫意不及此耶？抑有所待耶？

先聖學三代之禮，乃扵周獨憲章之。恐後學者欲明習朝典，追蹤先哲，舍是編何之？余謂退可以修身而畜德，進可以尊主而庇民。謀王斷國之大端，班班具在，貴善學之而已。近代名卿，稱黃材伯爲博古，鄭端簡、雷司空爲通今。藉令三復宏甫之二編，其可與昔賢相頡頏也夫！

辛亥秋石渠蕉史焦竑題

2.〈續藏書序〉〔註361〕

李卓吾先生沒，而其遺書盛傳有《說書》、有《藏書》、有《焚書》。《說書》以制義，發孔、孟、曾、思之精蘊。《焚書》所雜著詩文，談經評史，大義微言。《藏書》始周末，迄胡元，筆削諸史，斷以己意。今所行《續藏書》，則自明興，及慶曆諸臣列傳也。

其目有「功臣」、有「名臣」。「功臣」有開國、有靖難；「名臣」有開國、有遜國、有靖難、有內閣、有勳封、有經濟、有清正、有理學、有忠節、有孝義、有文學、有郡縣。蓋王、侯、將、相、士、庶人、方外、緇黃、傭僕、妾妓，無不載矣。

名臣或有功，而功臣不必有名，抑或以功封而不書，或扵傳附見其名，或名兩見而從其所重，或沒未久而淂傳，或負俗之議而爲分明之。秉權衡，破拘攣，微顯闡幽，標新領異，與《藏書》略同，惟一扵揚善不刺惡爲異耳。

本朝史職，廢列聖實錄扵臣下事不詳，而野史雜出，韋布之士不盡諳朝章，薦紳之倫不盡負史才。信耳者不審于時勢，見小者不關於大體，脩詞者不當扵故實，甚乃苛責深文，恣臆冥決，所好生羽毛，所憎成創痏。古人多聞闕疑，與人不求備之意，泯滅漸盡矣。

先生出入三朝，勤學好問，博古通今，所師友正人君子。故其甄別去取，若奇而正，若嚴而恕，若疎而覈，若朴而藻，可謂良史。昔者孔子做《春秋》，爲尊者諱，爲親者諱，爲賢者諱。是以所見異詞，所聞異詞，所傳異詞。而自許以文則史，事則齊桓晉文，義則自取。

先生書諸臣事，雖貴賤不同，在一時皆爲雄伯。錄諸家文，非金匱

〔註361〕本序文據上海圖書館藏明萬曆 39 年（1611）王惟儼刻本輸入。

石室之藏，則名卿碩儒之製，而其義則無所因襲。無三諱，無三辭，儻亦知我罪我，惟《春秋》之指乎！

先生嘗以道有升降，政由俗革，三王五帝不沿禮樂。即孔子之是非，尚以爲不宜施之今日，況扵他人！是書也，余謂必合三書並觀，而後浔先生之心。浔其心，恨先生不遇龍門蘭臺時，專力成一代史。不浔其心，遂受禍等于班馬。夫孔子且有罪，我況扵先生。

先生生平與焦太史楊扢爲多，而絕筆趙人馬侍御家。閩人蘇郡伯浔之，金陵王維儼行之，新都江似孫校之。兩君雅意文獻，使名山之副，流布人間，有功于李先生，庶幾楊子雲之桓譚矣！

京山李維楨本寧父撰　莆中洪寬書

3.〈續藏書序〉〔註362〕

陳仁錫

學者必讀書，必知人，必干事，然非讀盡天下之書，勿輕著書；非識盡天下之人，勿輕議人；非歷盡天下之事，勿輕作事。夫雷霆風雨，待我而動者也，可自驚迷乎？今日豪傑必言膽氣，乃先葷務持重泓深，能容人、能成事爲主。意者，小心大度，固膽氣所根柢，雷霆風雨所默召也。本朝德行政事，皆越百代之上，而至于今，言語文學似少遜之。又意者，言語患其多，文學患其襲，則政事且不可知，況德行乎？故有讀書知人之人出，則干事之人出，不可以文學言語忽之也。《續藏書》太簡，《獻徵錄》太濫，予莊閱國史、天下郡郡邑志乘，旁搜野乘百種，遺文逸事，小有論著，姑就卓吾所纂略爲詮次，以附李氏《藏書》之後。

（三）目　錄〔註363〕

	續　　　藏　　　序
	小引
	開國諸臣總敍
卷一	開國諸臣緣起
	開國諸臣本根

〔註362〕筆者因未見《續藏書》之明天啓 3 年陳仁錫評本，故此序文乃據陳仁錫之《無夢園集》輸入。

〔註363〕本目錄據上海圖書館藏明萬曆 39 年王惟儼刻本輸入。

卷二	開國名臣	金陵陳靜先生遇	青田劉文成先生基〔註364〕
		學士浦江宋文憲先生濂	義烏王忠文先生偉〔註365〕
		姑熟郡公當塗陶先生安〔註366〕	御史中丞章先生溢〔註367〕
		祭酒宋文恪先生訥	司業劉子高先生崧
		祭酒陶公凱〔註368〕	尚書詹公同〔註369〕
		大學士吳公伯宗	大學士吳公沈
		大學士朱文恪公善〔註370〕	太子少保唐公鐸
		尚書開公濟	祭酒樂公韶鳳〔註371〕
		學士劉公三吾	太師甕忠定公義〔註372〕
		太師夏忠靖公原吉〔註373〕	太保黃忠宣公福〔註374〕
		大學士解公縉〔註375〕	少保黃文簡公淮〔註376〕
		韓國公李善長〔註377〕	
卷三	開國功臣	中山武寧王魏國徐公達	開平忠武王鄂國常公遇春
		岐陽武靖王曹國李公文忠	黔寧昭靖王西平侯沐公英
		寧河武順王衛國鄧公愈	東甌襄武王信國湯公和
		文成劉誠意公基〔註378〕	
卷四		東丘郡侯花將軍雲〔註379〕	高陽侯韓公成〔註380〕
		梁國趙武莊公德勝〔註381〕	越國武莊公胡大海〔註382〕

〔註364〕附子璉、仲璟（別見遜國名臣）、鐵冠道人張中先生、建昌周顛仙先生。
〔註365〕附子紳（傳見遜國名臣）、宜興吳忠節先生雲。
〔註366〕附太平知府李公習。
〔註367〕附子存道。
〔註368〕附崔亮、楊訓文。
〔註369〕附子徽。
〔註370〕附鮑恂、余銓、張紳、張長年、貝瓊。
〔註371〕附趙奎、王才、魯文質、陳旭、陳友。
〔註372〕傳見靖難名臣。
〔註373〕傳見靖難名臣。
〔註374〕傳見靖難名臣。
〔註375〕傳見內閣輔臣。
〔註376〕傳見內閣輔臣。
〔註377〕附葉伯巨、鄭士利（傳見孝義名臣）。
〔註378〕傳見開國名臣。
〔註379〕附高陽郡侯許知府、郜氏、孫氏、雷老（此皆太平死事功臣也）。
〔註380〕附濟陽侯丁普郎等三十五人。
〔註381〕附南陽郡侯葉琛、張子明、捨命王等一十四人（此皆江西死事諸功臣也）。
〔註382〕附李夢庚、王愷、孫炎等二十人（此皆定祀於雞籠山者也）。

		虢國忠烈公俞通海〔註383〕			
		蔡國忠毅公張德勝、楚國公廖永安、河州郡公俞延玉〔註384〕			
		泗國武莊公耿再成、燕山侯孫興祖			
		永義侯桑世傑、縉雲郡伯胡琛			
		宋國公馮勝		潁國公傅友德	
		涼國公藍玉		鄆國忠順公宋晟	
卷五	遜國名臣	遜國名臣記			
		文皇帝答曹國公李景隆書			
		遜國名臣記序			
		齊泰	黃子澄	練子寧〔註385〕	方孝孺
		張昺	葛誠	湯宗	余逢辰
		徐輝祖	梅殷	謝貴	彭二
		馬宣	朱鑑	卜萬	廖鏞
		孫岳	瞿能	宋忠〔註386〕	余瑱
		彭聚	孫大	莊得	陳質
		楚智	張皀旗	王資	崇剛
		趙諒	宋瑄〔註387〕	張倫	曾濬〔註388〕
		倪諒	周拱元	鐵鉉〔註389〕	黃觀〔註390〕
		陳迪〔註391〕	侯太〔註392〕	暴昭	張統〔註393〕
		王鈍	嚴震直	卓敬	黃魁
		盧迴	郭任	陳植	胡子昭
		徐屋			

〔註383〕附弟通源、通淵。
〔註384〕附汪興祖、周顯、陳文。
〔註385〕附蕭用道。
〔註386〕附徐凱、耿瓛。
〔註387〕宋晟子。
〔註388〕附馬宣、楊本。
〔註389〕附徐將軍、盛統兵、高僉憲、宋參軍、張都統、王太守、王府校等。
〔註390〕附妻翁夫人、并二女家屬十餘人。
〔註391〕附蒼頭侯來保。
〔註392〕附茅卯仔。
〔註393〕附毛泰。

卷六		景清	茅大芳	陳性善	胡閏
		劉端	王高	鄒瑾	彭與明
		盧原質	薛嵒	廖昇	周是修
		王叔英〔註394〕	王艮	董倫	王景
		唐愚士	高遜志	張顯宗〔註395〕	樓璉
		王達	高巍	宋徵	劉伯完
		黃鉞〔註396〕	龔泰	韓永	陳繼之
		戴德彝	韓郁	曾鳳韶	王彬
		董鏞	葉希賢	魏冕	甘霖
		王度	鄭公智	尹昌隆	巨敬
		王良	程本立〔註397〕	胡子義	林嘉猷
		鄭居貞			
卷七		姚善〔註398〕	陳彥回	王璉	葉惠仲
		顏伯瑋〔註399〕	鄭恕	劉亨	鄭華
		唐子清	周縉〔註400〕	黃謙	松江同知
		盧振	牛景先	周璿	謝昇
		劉政	魏澤	陳思賢〔註401〕	王省〔註402〕
		高賢寧	儲福	羅義	龔翊
					〔註403〕
		黃彥清〔註404〕	雪菴和尚〔註405〕	河西傭〔註406〕	補鍋匠

〔註394〕附盛希年。
〔註395〕附楊璉、房安、呂昇。
〔註396〕附楊福。
〔註397〕附沈壽康。
〔註398〕附錢芹、王賓、韓奕、俞貞木。
〔註399〕附胡先、兒有爲、弟玨、友晏璧。
〔註400〕附朱寧等二百九十人。
〔註401〕附徒弟伍性原、陳應宗、林玨、鄒君默、曾廷瑞、呂賢。
〔註402〕附子禎、女靜。
〔註403〕附母韓、妻范。
〔註404〕附郎御史給舍四十餘人。
〔註405〕附杜景賢。
〔註406〕附莊浪魯家。

		馮翁	東湖樵夫	梁田玉	梁良玉
		宋和	郭節	何洲	梁中節
		郭良	梁良用	何 申 等 二 十 餘人〔註407〕	
		吳亮	程濟	高翔	劉璟〔註408〕
		王紳〔註409〕	宋懌		
卷八	靖難名臣	太師蹇忠定公義 太保黃忠宣公福 少保陳節愍公洽〔註410〕 太子少師儀文簡公智		太師夏忠靖公原吉 少師金忠襄公忠 太子太師胡忠安公淡 尚書王文忠公英	
卷九	靖難功臣	榮國姚恭靖公廣孝〔註411〕 尚書宋公禮〔註412〕 東平朱武烈王能 鄞國薛忠武公祿 廣寧侯劉忠武公榮		湯陰伯郭忠襄公資 河間張忠武王玉 定興張忠烈王輔 郿國張襄僖公信	
卷十		解縉	黃淮	胡儼	楊士奇
		楊榮〔註413〕	楊溥	高穀	薛瑄
	內閣輔臣	岳正	呂原		
卷十一		李賢	商輅	彭時	劉珝
		劉健	謝遷	丘濬	李東陽
		王鏊	劉忠		
卷十二		楊廷和	梁儲	楊一清	費宏
		張孚敬	席書	徐階	趙貞吉
卷十三	勳封名臣	靖遠侯王忠毅公驥〔註414〕 淶國公孫武敏公鏜〔註415〕 懷遠伯山襄毅公雲 武功伯徐公有貞 太傅王襄敏公越		興濟侯楊忠敏公善 定襄侯郭忠武公登 平江侯陳恭襄公瑄 穎國公楊武襄公洪 都督王公信	

〔註407〕附王詔、鄭傗。
〔註408〕附子貊。
〔註409〕附子稱。
〔註410〕附李任、顧福、劉順、徐駬、劉安、蔡顯、桂勝、劉子輔、易先、何忠、馮 智、陳麟、馮貴、侯保。
〔註411〕附袁琪、顧士、張信、奈亨、李友直。
〔註412〕附金純、周長、潘叔正、張信圖、許堪、藺芳。
〔註413〕附金幼孜。
〔註414〕附蔣貴。
〔註415〕附石亨。

卷十四		新建侯王文成公守仁 錦衣牟公斌 咸寧侯仇公鉞 都督馬公永 都督俞公大猷 都司戚公景通〔註416〕	都督僉事劉公璽 總兵楊公銳 太保梁武壯公震 都督沈公希儀 都督同知萬公表
卷十五	經濟名臣	太保王忠肅公翱 尚書郭公璉 太子少保右都御史羅公通 尚書耿清惠公九疇 太傅于忠肅公謙 少保姚文敏公夔〔註417〕 太子少保崔莊敏公恭	太子太保陳僖敏公鎰 尚書周文襄公忱 尚書年恭定公富 僉都御史楊恭惠公信民 太師王端毅公恕 太子少保李襄敏公秉 尚書王莊毅公竑
卷十六		尚書王恭毅公槩 都御史黃公紱 太保余肅敏公子俊〔註418〕 布政陶公魯 侍郎葉文莊公盛 少保秦襄毅公紘 太子少保童公軒 都御史高公明	尚書陳康懿公俊 太子太保項襄毅公忠 都御史韓襄毅公雍 太子少保程襄毅公信 太師馬端肅公文升 太子少保鄧襄敏公廷瓚 〔註419〕 尚書何文肅公喬新
卷十七		少保倪文毅公岳 太子太保劉公大夏 太子少保張簡肅公敷華 太傅韓忠定公文 尚書王文莊公鴻儒〔註420〕 都御史王公雲鳳 少保李康惠公承勛 少保胡端敏公世寧	太保周文端公經 太子太保戴恭簡公珊 尚書黃文毅公孔昭 太子太保林文安公瀚 副都御史陳公鎬〔註421〕 尚書林公俊 太子太保尚書王公瓊〔註422〕 都御史馬公昊

〔註416〕附子繼光。
〔註417〕附尹旻。
〔註418〕附徐廷璋、馬文升。
〔註419〕附朱英。
〔註420〕附弟鴻漸、段堅。
〔註421〕附弟欽。
〔註422〕附陸完、彭澤、陳九疇、曹謙。

卷十八		太子太保梁端肅公材 尚書雍公泰 尚書顧公璘〔註423〕 太子太保周襄敏公金 尚書胡公松 太子少保李敏肅公世達	太子少保劉清惠公麟 尚書吳公廷舉 少保王襄敏公以旂 太子太保熊公浹 尚書鄭端簡公曉 尚書陸莊簡公光祖
卷十九	清正名臣	都御史顧公佐〔註424〕 尚書魏文靖公驥 侍郎李忠文公時勉〔註427〕 都御史吳文恪公訥 布政使夏公寅 少保林莊敏公聰〔註429〕 太子少保彭惠安公韶	都御史軒公輗〔註425〕 都御史魯公穆〔註426〕 祭酒陳公敬宗〔註428〕 御史孫公鼎 侍郎劉文介公儼 太子太保張莊簡公悅
卷二十		尚書楊文懿公守陳 光祿卿陳恭愍公選〔註430〕 太子少保邵文莊公寶 尚書陳公壽 都御史熊莊簡公繡〔註431〕 副使邵公清 尚書嚴恭肅公清	太常卿張公元禎 太子太保吳文定公寬 太子少保傅文毅公珪 尚書謝文肅公鐸 祭酒魯文恪公鐸 中允景公暘 侍郎程公文德
卷二十一	理學名臣	薛文清公〔註432〕　　聘君吳公與弼　陳文恭公獻章〔註434〕 　　　　　　　　　〔註433〕 莊定山公□　　　　　賀給事公欽　　章文懿公懋 羅文毅公倫　　　　　丁副使公機　　鄒吏目公智 陳御史公茂烈　　　　蔡祭酒公清　　王文成公守仁〔註435〕 儲文懿公瓘	

〔註423〕附弟　　。
〔註424〕附師逵、向瑾。
〔註425〕附周新。
〔註426〕附薛祥、薛遠。
〔註427〕附陳祚。
〔註428〕附楊鼎。
〔註429〕附千戶龔遂榮。
〔註430〕附張黻、子戴。
〔註431〕附潘禮、胡拱辰、王琦、李喬、朱裳、孫需、陶琰。
〔註432〕傳見內閣輔臣。
〔註433〕附陳海雍。
〔註434〕附陳眞晟、胡居仁、劉閔。
〔註435〕傳見勳封名臣。

卷二十二		湛文簡公若水	呂文簡公柟〔註436〕	鄒文莊公守益〔註437〕
		王心齋公艮〔註438〕	董蘿石公澐〔註439〕	王龍谿公畿
		唐荊川公順之	羅文恭公洪先	羅近谿公汝芳
		殷侍郎公邁	張諭德公元忭	楊侍郎公起元
卷二十三	忠節名臣	劉忠愍公球	章恭毅公綸	鍾恭愍公同
		廖恭敏公莊	楊觀察公瑄〔註440〕	黃少卿公鞏〔註441〕
		孫忠烈公燧	許忠節公逵	楊翰撰公愼〔註442〕
		舒修撰公芬	楊忠愍公繼盛〔註443〕	沈光祿公錬
		楊御史公爵	海忠介公瑞	
卷二十四	孝義名臣	丘公鐸	知縣簡公祖英〔註444〕	姚公伯華
		朱公煦〔註445〕	毛公聚	劉公謹
		程公通	孫公惟中	錢公瑛
		瞿公嗣興	麴公祥	洪公祥
		虞公譁	楊公旻	王公原
		唐公儼	劉公和	訓導劉公閔
		歸公鉞〔註446〕	何公倫〔註447〕	

〔註436〕附馬汝驥、王道、穆孔暉。
〔註437〕附子善、孫德涵、德溥。
〔註438〕附子璧、林春。
〔註439〕附子穀。
〔註440〕附子源。
〔註441〕附陸震、張英、并何遵等十二人。
〔註442〕傳見文學名臣。
〔註443〕附張翀。
〔註444〕附高彬。
〔註445〕附陳圭。
〔註446〕附弟繡。
〔註447〕附孝童崔鑑。

卷二十五		員外郎杜公環　　　樂公枡〔註448〕　李公疑 葉公伯巨〔註449〕　高公瑾　　　　汪公灌〔註450〕 王公芳〔註451〕			
卷二十六	文學名臣	學士宋公濂〔註452〕　　　　學士王公禕〔註453〕 文學博士方公孝孺〔註454〕　詹事曾公棨 修撰康公海　　　　　　　修撰楊公慎 副使李公夢陽　　　　　　副使何公景明〔註455〕 考功郎薛公蕙〔註456〕　　山人孫公一元 簽都御史唐公順之〔註457〕　參政王公慎中 僉都御史趙公時春　　　　尚書王公世貞〔註458〕			
卷二十七	郡縣名臣	方公克勤 況公鍾〔註459〕 唐公侃	吳公履 劉公實 程公□	陳公灌 丁公積 徐公九經	錢公本中 徐公咸 龐公嵩

（四）目前可見的各種版本

1. 各大圖書館藏古籍善本

《李氏藏書》六十八卷，《續藏書》二十七卷，〔明〕李贄撰。

版本：明萬曆刻本

行格版式：9行，20字。白囗，四周單邊

典藏地：首都圖書館，黑龍江大學圖書館，山東省圖書館，浙江圖書館，中山大學圖書館。

資料來源：中國古籍善本書目聯合導航系統。

〔註448〕附弟梲。

〔註449〕附鄭公士利。

〔註450〕附夏宗顯。

〔註451〕附義僕阿寄、義倡邵金寶。

〔註452〕傳見開國名臣。

〔註453〕傳見開國名臣。

〔註454〕傳見遜國名臣。

〔註455〕附徐禎卿、邊貢。

〔註456〕附高叔嗣、陳束。

〔註457〕傳見理學名臣。

〔註458〕附弟世懋、李攀龍、汪道昆。

〔註459〕附蔚能。

《續藏書》二十七卷，〔明〕李贄撰。

　　版本：明萬曆間刻本。

　　資料格式：36 冊。

　　行格版式：9 行，20 字。白口，四周單邊，單魚尾。

　　與《李氏藏書》合印。

　　典藏地：中國國家圖書館。

　　資料來源：中國古籍書目資料庫。

《續藏書》二十七卷，〔明〕李贄撰。

　　版本：明萬曆間覆刻焦氏本。

　　資料格式：22 冊。

　　典藏地：北京大學圖書館。

　　資料來源：《北京大學圖書館藏古籍善本書目》。

《續藏書》二十七卷，〔明〕李贄撰。

　　版本：明萬曆 39 年王若屏刻本。

　　行格版式：9 行，行 20 字。白口，單魚尾，四周單邊，版心上方刻
　　篇名；無直格，行間鐫評點。

　　原書版框高廣：23.1 公分×30.6 公分。

　　書前有一篇焦竑序、一篇李維楨序。

　　目錄結束處刻有「新都後學江紹前校」。

　　典藏地：中央圖書館臺灣分館〔註460〕、中國國家圖書館、北京大學圖
　　書館〔註461〕、清華大學圖書館〔註462〕、中國人民大學圖書館〔註463〕、
　　北京師範大學圖書館〔註464〕、中共中央黨校圖書館、中國社會科學院

〔註460〕中文古籍書目資料庫著錄爲：明萬曆辛亥（39 年）江寧王氏刊本。28 公分。
　　　　版匡高廣爲 24 公分×15 公分。12 冊。

〔註461〕《北京大學圖書館藏古籍善本書目》著錄爲：明萬曆辛亥（1611 年）焦氏金
　　　　陵刻本。王衛藏版。24 冊。

〔註462〕共收藏兩部。第一部，12 冊 2 函，鈐「補庵四十以後所得書畫」、「慶口柏印」
　　　　等印。第二部，格式爲 5 冊。資料來源：《清華大學圖書館藏善本書目》。

〔註463〕資料格式：12 冊 2 函。總目錄後鐫：「新都後學江紹前校」。藏印：「肅卿號
　　　　秋賓印」。

〔註464〕共收藏三部。第一部，資料格式爲 12 冊，與《藏書》六十八卷合函。第二部，
　　　　資料格式爲 24 冊，也與《藏書》六十八卷合函。第三部，資料格式爲 20 冊，
　　　　鈐有「胡少峰記」印。書碼善 982.31／287。資料來源：《北京師範大學圖書
　　　　館古籍善本書目》。

文學研究所、中國社會科學院歷史研究所、中國歷史博物館、公安部
群眾出版社、上海圖書館、華東師範大學圖書館、天津市人民圖書館、
南開大學圖書館、祁縣圖書館、吉林市圖書館、東北師範大學圖書館、
西安市文物管理委員會、青海省圖書館、山東省圖書館、南京圖書館、
蘇州市圖書館、南京大學圖書館、南京師範學院圖書館、天一閣文物
保管所、安徽省圖書館、安徽省博物館、江西師範學院圖書館、廈門
大學圖書館、湖北省圖書館、湖南省圖書館、廣西壯族自治區柳州市
圖書館、西南師範學院圖書館、四川南充師範學院圖書館、雲南大學
圖書館、中山大學圖書館。〔註465〕

資料來源：中國古籍善本書目聯合導航系統、中文古籍書目資料庫、
《清華大學圖書館藏善本書目》、《北京師範大學圖書館古籍善本書
目》、《中山大學圖書館古籍善本書目》。

明萬曆 39 年王惟儼刻本

《續藏書》，〔明〕李贄撰。

　　版本：明萬曆 39 年王惟儼刻本。

　　資料格式：8 冊。27 公分。

　　封面鐫：「新刻李氏續藏書　焦衙發刻王衙藏版」。

　　典藏地：普林斯頓大學東亞圖書館。

　　資料來源：中國古籍書目資料庫。

〔註465〕資料格式：30 冊。資料來源：《中山大學圖書館古籍善本書目》。

《續藏書》，〔明〕李贄撰。

版本：明金陵王維儼刊本。

資料格式：20 冊。

版匡高廣：21.2 公分×14.8 公分。

行格版式：10 行，行 22 字，註文小字雙行，字數同。單欄，版心白口，單魚尾，上方記書名，下方記刻工名「焦」。

序：李維楨序、焦竑序。

正文卷端題：「續藏書卷一　溫陵李載贄輯著、虎林柴應槐，錢萬國重訂、梁杰校閱」。

典藏地：國家圖書館。〔註466〕

資料來源：中國古籍書目資料庫。

國家圖書館藏明金陵王維儼刊本

《續藏書》二十七卷，〔明〕李贄撰。

版本：明末余聖久刻本。（余聖久翻刻明萬曆 39 年王若屏刻本）

資料格式：20 冊 2 函。

行格版式：9 行，行 20 字。白口，單魚尾，四周單邊。

封面鐫：「余聖久梓行」。

〔註466〕藏印：「敦樸堂」朱文雙龍長方印、「國立中央圖／書館收藏」朱文長方印、「榴陰書／屋趙氏／鑑藏印」朱文方印、「逸菴」朱文長方印、「榴陰／珍尓」朱文方印、「揖／武」朱文方印、「寶澤／堂」朱文方印、「國立中央／圖書館／藏書」朱文方印。書號 01639。

典藏地：中國人民大學圖書館。〔註467〕

參考資料：《中國人民大學圖書館古籍善本書目》。

《續藏書》二十七卷，〔明〕李贄撰。

版本：明汪修能刻本。

行格版式：11 行，26 字。白口，四周單邊，無魚尾，無直格，版心上刻書名。行間有刻圈點與私名號。

序文二篇：焦竑序、李維楨序。

卷端題名：「續藏書卷一 溫陵李贄輯著，廣陵汪脩能校刻」。

典藏地：北京大學圖書館〔註468〕、北京師範學院圖書館、天津市人民圖書館、陝西省師範大學、吳江縣圖書館、廈門大學圖書館、中山大學圖書館〔註469〕、廣東省哲學社會科學研究所圖書館、雲南省圖書館。

資料來源：中國古籍善本書目聯合導航系統、《北京大學圖書館藏古籍善本書目》、《中山大學圖書館古籍善本書目》。

明汪修能刻本

《續藏書》二十七卷，〔明〕李贄撰。

版本：明萬曆間（1573～1619）刊本。

資料格式：共 21 冊。

〔註467〕藏印：「大慶堂藏書印」。
〔註468〕資料格式：8 冊。
〔註469〕資料格式：10 冊。

版匡高廣：22.6 公分×15.6 公分。

行格版式：9 行，行 20 字，註文小字雙行，字數同。單欄，版心白口，單魚尾。

總目終下題：「新都後學江紹前校」。

序文：李維楨序。

正文卷端題：「續藏書卷一」。

典藏地：國家圖書館。〔註470〕

資料來源：中國古籍書目資料庫。

國家圖書館藏明萬曆間（1573～1619）刊本

《續藏書》二十七卷，〔明〕李贄撰

版本：明萬曆間刻本

資料格式：10 冊 2 函。

行格：9 行，20 字。

序跋者：焦竑序、李維楨序。

典藏地：美國國會圖書館。〔註471〕

資料來源：中國古籍書目資料庫、《美國國會圖書館藏中國善本書目》。

〔註470〕藏印：「六合徐氏／孫麒珍藏／書畫印」朱文長方印、「國立中／央圖書／館考藏」朱文方印、「孫麒氏／使東所得」白文長方印、「國立中央／圖書館／藏書」朱文方印。有微捲。書號01640。

〔註471〕藏印：「金彪孫文敷氏手校」長方印。作者小傳。

《續藏書》二十七卷，〔明〕李贄撰；〔明〕柴應槐，〔明〕錢萬國重訂。

　　行格版式：10 行，行 22 字。白口，四周單邊，單黑魚尾。版心中鐫
　　卷次。

　　正文卷端題：「溫陵李載贄輯著，虎林柴應槐，錢萬國重訂、梁杰校
　　閱」。

　　典藏地：中國人民大學圖書館〔註 472〕、中央教育科學研究所、上海
　　圖書館、天津市人民圖書館、東北師範大學圖書館、中國科學院新疆
　　分院圖書館、南京圖書館、江西省圖書館、武漢圖書館、湖南省圖書
　　館、重慶市圖書館、芝加哥大學圖書館。〔註 473〕

　　資料來源：中國古籍書目資料庫、中國古籍善本書目聯合導航系統。

國家圖書館藏　明萬曆間柴應槐、錢萬國重訂本

《續藏書》二十七卷，〔明〕李贄撰；〔明〕陳仁錫評。

　　版本：明天啟 3 年（1623）刻本。

　　行格版式：10 行，行 22 字。白口，單魚尾，四周單邊。眉上鐫評。

　　版匡高廣：22.3 公分 X 14.1 公分。

　　序跋：李維楨序、焦竑序、陳仁錫序。

〔註 472〕收藏有兩部。一部是 20 冊 4 函，另一部是 6 冊 1 函。參考資料：《中國人民
　　　　大學圖書館古籍善本書目》。
〔註 473〕版框高廣：21.3 公分×14.9 公分。藏印：鈐有「李宗侗藏書」等印記。未署
　　　　年焦竑「序」等序。叢書名：《李氏藏書》第 33～48 卷。資料來源：國家圖
　　　　書館・中文古籍書目資料庫。

正文卷端題：「溫陵李載贄輯著，古吳陳仁錫明卿評正」。

典藏地：中國國家圖書館〔註 474〕、首都圖書館、中國人民大學圖書館〔註 475〕、北京師範大學圖書館〔註 476〕、中共中央黨校圖書館、中央民族大學圖書館、中國科學院圖書館、中國社會科學院歷史研究所、中央教育科學研究所、復旦大學圖書館、上海圖書館〔註 477〕、上海辭書出版社圖書館、吉林省圖書館、吉林大學圖書館、東北師範大學圖書館、吉林省社會科學院圖書館、陝西省富平縣文化館、西北大學、蘭州大學圖書館、山東大學圖書館、揚州市圖書館、浙江圖書館、安徽省博物館、福建師範大學圖書館、河南省圖書館、武漢大學圖書館、中山大學圖書館、四川省圖書館、重慶第一師範學校圖書館、內蒙古大學圖書館〔註 478〕、美國國會圖書館〔註 479〕、柏克萊加州大學東亞圖書館〔註 480〕、首爾大學奎章閣韓國學研究院〔註 481〕、哈佛燕京圖書館。〔註 482〕

資料來源：中文古籍書目資料庫、中國古籍善本書目聯合導航系統、《中國人民大學圖書館古籍善本書目》、《北京師範大學圖書館古籍善本書目》、《東北地區古籍線裝書聯合目錄》、《內蒙古線裝古籍聯合目錄》、《美國哈佛大學哈佛燕京圖書館中文善本書志》。

〔註 474〕共典藏三部。其中兩部是 6 冊。另一部是 8 冊，有墨筆圈點，藏印為「國子監印」。

〔註 475〕藏有三部。有兩部是 8 冊 1 函，另一部是 18 冊 3 函。參考資料：《中國人民大學圖書館古籍善本書目》。

〔註 476〕資料格式：6 冊。鈐有「葉鼎和印」等印。書碼：善 982.316／287～02。資料來源：《北京師範大學圖書館古籍善本書目》。

〔註 477〕資料格式：8 冊。資料來源：國家圖書館・中文古籍書目資料庫

〔註 478〕資料格式：16 冊。資料來源：《內蒙古自治區線裝古籍聯合目錄》。

〔註 479〕資料格式：8 冊 1 函。附作者小傳。資料來源：國家圖書館・中文古籍書目資料庫。

〔註 480〕版匡高廣：21.8 公分×14 公分。序跋者：「焦竑序」、「李維楨序」、「天啓三年（1623）陳仁錫序」。資料來源：國家圖書館・中文古籍書目資料庫。

〔註 481〕共收藏兩部。第一部，資料格式：10 冊。25.8 公分×16.4 公分。序跋者：天啓癸亥（1623）陳仁錫序。藏印：「帝室圖書之章」。第二部，資料格式：8 冊。版匡高廣：26.3 公分×17.2 公分。序：天啓癸亥（1623）陳仁錫序。藏印：「弘齋」、「承華藏圭」、「帝室圖書之章」。資料來源：國家圖書館・中文古籍書目資料庫。

〔註 482〕資料格式：16 冊。書前序一篇：李維禎序。藏印：「李印貞吉」、「無疆氏」。

《續藏書》二十七卷，〔明〕李贄撰；〔明〕陳仁錫評。

　　版本：明末刻本。

　　典藏地：遼寧省圖書館、遼寧大學圖書館、吉林省圖書館、東北師範
　　大學圖書館、黑龍江大學圖書館。

　　資料來源：《東北地區古籍線裝書聯合目錄》。

《李氏藏書》六十八卷，《續藏書》二十七卷，〔明〕李贄撰。

　　版本：明萬曆 27 年至天啓 3 年焦竑金陵刊本。

　　行格版式：9 行，行 20 字。單欄，花口，〔註 483〕單魚尾。

　　典藏地：臺大圖書館。

　　資料來源：中國古籍書目資料庫。

《續藏書》二十七卷，〔明〕李贄撰。

　　版本：明泰和堂刻本。（本衙藏板）

　　資料格式：24 冊。

　　行格版式：10 行，22 字。白口，四周單邊，單魚尾。

　　書名頁題：「李氏續藏書」。

　　典藏地：中國國家圖書館。〔註 484〕

　　資料來源：中國古籍書目資料庫。

《續藏書》二十七卷，〔明〕李贄撰。

　　版本：明刊本。有鈔配。

　　資料格式：16 冊。27 公分。

　　序文：焦竑序、李維楨序、陳仁錫序。。

　　典藏地：中研院傅斯年圖書館。〔註 485〕

　　資料來源：中國古籍書目資料庫。

《續藏書》二十七卷，〔明〕李贄撰。

　　版本：明刻本。（本衙藏版）

　　資料格式：12 冊。

　　行格版式：9 行，20 字。白口，四周單邊，單魚尾。

〔註 483〕臺灣大學圖書館所藏的「明萬曆 27 年至天啓 3 年焦竑金陵刊本」，版式著錄
　　　　為「花口」，乃是臺大圖書館特有的判定方式，及一般所謂「白口」。
〔註 484〕藏印：「讀書坊發行」、「泰和堂印」、「本衙藏版」。
〔註 485〕藏印：「天書閣印」，「臨皋□蓼□藏書」，「持正堂」等印記。光緒 33 年（1907）
　　　　發公手題記，下鈐筱侯印記。排架號：2-4-4。光碟代號：OD020B。

典藏地：中國國家圖書館。〔註486〕

資料格式：中國古籍書目資料庫。

《續藏書》，〔明〕李贄撰。

版本：甲種。

典藏地：普林斯頓大學東亞圖書館。

資料來源：中國古籍書目資料庫。

2. 影印本

《續藏書》，〔明〕李贄撰。

收入於《續修四庫全書》‧史部‧別史類‧第 303 冊。

上海：上海古籍出版社。出版時間：1995 年。

原書版框高廣：23.1 公分×30.6 公分。

行格版式：9 行，20 字。白口，單黑魚尾，版心上方刻篇名；無直格，行間鐫評點。

書前有一篇焦竑序、一篇李維楨序。

目錄結束處刻有「新都後學江紹前校」。

此書乃是據上海圖書館藏，明萬曆 39 年（1611）王惟儼刻本影印。

封面　　　　　　　　序文　　　　　　　　　　卷一

《續藏書》，〔明〕李贄撰。

收入於《四庫全書存目叢書》‧史部‧別史類；第 24 冊，頁 424～770。

臺南：莊嚴文化出版。出版時間：1997 年。

行格版式：11 行，26 字。白口，四周單邊，無魚尾，無直格，版心上刻書名。行間有刻圈點與私名號。

〔註486〕藏印：「延古堂李氏珍藏」、「王恆貞記」、「本衙藏版」等印。

序文：焦竑序、李維禎序。

卷端題名：「續藏書卷一　溫陵李贄輯著，廣陵汪脩能校刻」。

此書與《藏書》六十八卷合刊。書後附《四庫全書總目》〈續藏書提要〉。

此書據北京大學圖書館藏明汪修能刻本影印。

封面　　　　　　　　　序1　　　　　　　　　卷一

《續藏書》二十七卷，〔明〕馬李贄撰。

收入《回族典藏全書》〔註487〕‧第75～80冊。

蘭州：甘肅文化出版社、寧夏人民出版社。出版時間：2008年。

資料格式：6冊。30公分。精裝本。

行格版式：9行，20字。白口，單黑魚尾，無直格，版心上鐫篇名，行間刻評點與私名號。

據明木刻本影印。

封面　　　　　　　　　序文　　　　　　　　　卷一

〔註487〕吳海鷹主編。

3. 排印本

《續藏書》，〔明〕李贄撰。

　　北京：中華書局出版。出版時間：1959 年、1960 年、1974 年。

　　資料格式：2 冊。繁體字，直排。529 頁。

　　序文 2 篇：焦竑序、李維楨序。

　　書前有「《藏書》、《續藏書》再版說明」，書後附「人名索引」。

封面　　　　　　　　　　　　　　　　內頁

《續藏書》，〔明〕李贄撰。

　　北京：中華書局出版。出版時間：1974 年。

　　資料格式：全 2 冊。大字本。

　　河北保定大學本。

《續藏書》，〔明〕李贄撰，張光澍點校。

　　北京：中華書局出版。出版時間：1959 年。

　　資料格式：全 1 冊。繁體字，直排。528 頁。

　　前有張光澍〈點校說明〉、焦竑序、李維楨序。

　　本書以「明汪修能校刻本」爲底本，用「明陳仁錫評本」及「明柴應槐、錢萬國重訂本」參校。

　　（書中排版變更：原來在行間的小字評語，移到了相應的正文之下）

封面　　　　　　　　　　　　　內文

《續藏書》，〔明〕李贄撰。

　　北京：中華書局出版。出版時間：1974 年。

　　資料格式：全 11 冊。1759 頁。大字本（28 公分×19.5 公分）。繁體字。

　　序文 2 篇：焦竑序、李維楨序。

　　書前有「《藏書》、《續藏書》再版說明」，書後附「人名索引」。

封面　　　　　　　　　　　　　內文

《續藏書》，〔明〕李贄撰。

　　臺北：臺灣學生書局出版。出版時間：1974 年。

　　資料格式：529 頁。繁體字，直排。

　　（本書版本同於中華書局本）

封面　　　　　　　　　　　　　　　　　內頁

《續藏書》，〔明〕李贄撰。

　　臺北：臺灣學生書局出版。出版時間：1974 年。

　　資料格式：全 1 冊。529 頁。繁體字，直排。

　　序文：焦竑序、李維楨序。

　　（本書版本同於中華書局本）

封面　　　　　　　　　　　　　　　　　內文

《續藏書》二十七卷，〔明〕李贄撰。

　　收入於《中國史學叢書》・續編・第 33 種。

　　臺北：臺灣學生書局出版。出版時間：1974 年。

　　資料格式：529 頁。繁體字，直排。

《續藏書》二十七卷，〔明〕李贄撰。

　　收入於《明代傳記叢刊》〔註 488〕・綜錄類 16～17。

〔註 488〕周駿富輯。

臺北：明文書局，出版時間：1991 年。

資料格式：529 頁。（頁 106～003～106～547）

（本書版本同於中華書局本）

封面　　　　　　　　　　　　　　　內頁

《續藏書》，〔明〕李贄撰。

收入於《李贄文集》〔註 489〕，第四卷。

北京：社會科學文獻出版社。出版時間：2000 年。

資料格式：603 頁。簡體字，橫版。

前有序兩篇：焦竑序、李維楨序。後附人名索引。

本書是由劉幼生依據 1974 年中華書局排印本校刊整理；王麗青編人
名及字號索引。

封套　　　　　　　　封面　　　　　　　　內頁

〔註 489〕詳見「李贄當代選集」。

4. 電子文獻

《續藏書》二十七卷，〔明〕李贄撰。

　　合肥：黃山書社出版。出版時間：2008 年。

　　資料庫名稱：《中國基本古籍庫》·史地庫·歷史類·別史載記目；
　　03334。

　　資料型式：文字及圖像。

　　開發製作：北京愛如生數字化技術研究中心。

　　原據版本：明萬曆三十九年王惟儼刻本。

　　圖像版本：A.明萬曆三十九年王惟儼刻本；B.明汪修能刻本。

　　集叢冊次號係據漢珍提供總目清單之序號著錄。

電腦繪製封面　　　　　　　　內文　　　　　　　　版本對照

（五）刊刻與版本源流

刊　刻

　　《續藏書》的成書經過：明萬曆 37 年，李贄死後 7 年，眉源蘇郡伯去通州弔祭李贄墓，特地到馬經綸家訪求李贄遺稿。這些遺稿是李贄生前最後兩三年，作客於馬經綸家時所留下的著作。這些遺稿整理後，編成《續藏書》，由焦竑作序、王惟儼刊刻。焦竑序有云：

　　　　歲巳酉，眉源蘇公弔宏甫之墓，而訪其遺編於馬氏，扵是《續藏書》
　　　　始出。余鄉王君維儼梓行之，而屬余引其簡端。

　　《續藏書》的版本非常複雜，有明萬曆 39 年王惟儼刊本、明萬曆間柴應槐、錢萬國重訂本、覆刻王氏刊本、明汪修能刻本、陳仁錫刻本、明萬曆間刻本、明泰和堂刻本、明刻本等版本。並且此書一開始就被懷疑有做偽，焦

竑在序中云：「宏甫歿，遺書四出，學者爭傳誦之。其實真贗相錯，非盡出其手。」後來甚至有學者發現《熙朝名臣實錄》一書是據《續藏書》冒名竄改。又此書在明清兩代被禁、被查、被焚燬，可謂多災多難。現在在臺灣的圖書館裡，大多典藏著翻印中華書局《續藏書》的排印本。

明萬曆 39 年王氏刻本

根據各圖書館的善本書目，著錄是明萬曆辛亥（39 年，1611）的王氏刊本有四種，包括：

1. 「明萬曆 39 年王若屏刻本」，其行格版式爲「9 行，行 20 字。白口，單魚尾，四周單邊」。這個版本最多圖書館收藏，據中國古籍善本書目聯合導航系統即有三十餘個典藏地。

2. 國家圖書館所收的「明金陵王維儼刊本」，其行格「10 行，22 字，註文小字雙行，字數同」，版式「單欄，版心白口，單魚尾，上方記書名，下方記刻工名」。

3. 普林斯頓大學東亞圖書館典藏的是「明萬曆辛亥（39 年）王惟儼刻本」，封面鐫「新刻李氏續藏書 焦竑發刻王衙藏版」。

4. 中央圖書館臺灣分館所藏的是「明萬曆辛亥（39 年）江寧王氏刊本」。

問題來了，「中國古籍善本書目聯合導航系統」所著錄與「國家圖書館」所著錄的行格明顯不同，莫非是否明萬曆辛亥（39 年，1611）的王氏刊本有 2 種？另外，王若屏是否是王惟儼？是否同於江寧王氏刊本？江寧是否爲金陵？

第一個問題，筆者經過複查，確認國家圖書館著錄的「明金陵王維儼刊本」，其行格爲「10 行，行 22 字，註文小字雙行，字數同」，其正文卷端題：「續藏書卷一 溫陵李載贄輯著、虎林柴應槐，錢萬國重訂、梁杰校閱」。所以這一個版本是「柴應槐，錢萬國重訂本」，並非王氏的原刻本，是國圖的資料著錄錯了。確認並非有兩種明萬曆辛亥的王氏刊本。

後三個問題，根據焦竑序：「歲已西，眉源蘇公弔宏甫之墓，而訪其遺編於馬氏，於是《續藏書》始出。余鄉王君惟儼梓行之」。序中所指馬 氏，即馬經綸，「王君惟儼梓行之」，即指王若屏刻本。焦竑是金陵人，即現在南京，古代亦稱「江寧」。所以「王若屏」即是「王惟儼」，「江寧王氏刊本」亦即「金陵王氏刊本」。

《續藏書》有著錄與《藏書》六十八卷合印的「明萬曆刻本」，行格版式

爲「9行，20字。白口，四周單邊，單魚尾」。據筆者複查，有收藏「萬曆年間合印本」的圖書館，多是明萬曆27年焦竑金陵刊本，搭配明萬曆39年金陵王惟儼刻本，合函收藏，並非眞是《藏書》、《續藏書》合刻本。

《續藏書》有「翻刻萬曆年間王惟儼刊本」者，筆者根據「續修四庫全書本」比對（此書乃是據上海圖書館藏明萬曆39年王惟儼刻本影印），翻刻本應有兩種版本。一是國家圖書館所藏，書號是「01640」，著錄爲「明萬曆間刊本」，此版本與「王惟儼刊本」很像，但是不同版。另一是中國人民大學圖書館所藏的「明末余聖久刻本」，此版本也是翻刻「王惟儼刊本」。此外北京大學圖書館亦有收藏一部著錄爲「明萬曆間覆刻焦氏本」，然因爲資料有限，無法再做分析。

其他古籍版本

《續藏書》還有「明萬曆間柴應槐、錢萬國重訂本」，行格版式爲「10行，行22字；白口，四周單邊，單黑魚尾」，正文卷端題「溫陵李載贄輯著，虎林柴應槐，錢萬國重訂、梁杰校閱」，收藏於中國人民大學圖書館等十餘處。

「明汪修能刻本」，行格版式爲「11行26字。白口，四周單邊，無魚尾，無直格，版心上刻書名」，卷端題爲「續藏書卷一　溫陵李贄輯著，廣陵汪脩能校刻」。北京大學圖書館等九處圖書館有收藏，「四庫全書存目叢書本」，即據此版本影印。

「陳仁錫刻本」行格版式「10行，22字。白口，單魚尾，四周單邊，眉上鑴評」，書前序有李維楨序、焦竑序、陳仁錫序。正文卷端題「溫陵李載贄輯著，古吳陳仁錫明卿評正」。又「陳仁錫本」書後附有陳氏所寫的史事論著，陳仁錫在〈續藏書序〉中云：

> 《續藏書》太簡，《獻徵錄》太濫，予莊閱國史、天下郡郡邑志乘，旁搜野乘百種，遺文逸事，小有論著，姑就卓吾所纂略爲詮次，以附李氏《藏書》之後。

有專家學者認爲，這段序文很明顯的陳述了《續藏書》摻入了後人作品的事實。

「陳仁錫刻本」在臺灣沒有收藏，但比較《東北地區古籍線裝書聯合目錄》與「中國古籍善本書目聯合導航系統」的著錄，似乎有兩種印本。以東北地區所收藏的「陳仁錫刻本」舉例，「中國古籍善本書目聯合導航系統」著錄「明天啓3年陳仁錫刻本」，典藏地有：吉林省圖書館、吉林大學圖書館、東北師範大學圖書館、吉林省社會科學院圖書館。而《東北地區古籍線裝書

聯合目錄》則又多著錄了「陳仁錫明末刻本」，典藏地有黑龍江大學圖書館等五處。

　　《續藏書》除上述版本之外，尚有「明萬曆間刻本」、「明泰和堂刻本」、「明刻本」等版本，但因爲筆者所的到的資料較少，無法再進行分析比對。

影印本

　　在影印本方面，目前可見的有三種，一是「續修四庫全書本」，此本影印明萬曆 39 年的王惟儼刻本；一是「四庫存目叢書本」，此本影印明汪修能刻本，並於書後附《四庫全書總目》〈續藏書二十七卷提要〉；一是 2008 年才出版本的「回族典藏全書本」，此版本與「續修四庫全書」相同，皆是影印王惟儼刻本。

排印本

　　《續藏書》排印本有中華書局本與張建業主編的《李贄文集》本。中華書局本有數種，有一冊本、二冊本、十一冊本。一冊本是張光澍點校本，1959年 10 月出版，以「明汪修能校刻本」爲底本，用「明陳仁錫評本」及「明柴應槐、錢萬國重訂本」參校。二冊本有兩種，一種是河北保定大學本，大字本，1974 年 8 月出版；另一種是最普遍流通的 1959 年 10 月初版本，後來 1960年 3 月、1974 年 7 月再。十一冊本也是大字本，長 28 公分 x 寬 19.5 公分，內容與二冊本的後者相同。

　　《李贄文集》本的《續藏書》收入於《李贄文集》第 4 卷，是簡體字，橫排本，出版於 2000 年 5 月，由北京社會科學文獻出版社出版，此書是由劉幼生依據 1974 年中華書局排印本校刊整理。

　　其他在臺灣可以見到的《續藏書》排印本，皆是影印中華書局本，包括臺灣學生書局本兩種（平裝本、精裝本——收入於《中國史學叢書》）、明文書局本（收入於《明代傳記叢刊》）。

《續藏書》與查禁

　　《李氏續藏書》在清代書籍中屬於違礙類，詳見《違礙書目》、《清代禁燬書目四種索引》、《清代禁書知見錄》、〈館藏清代禁書述略〉。清代在地方上實際的查禁奏繳，記載有二條：

　　1. 清乾隆時安徽巡撫閔鶚元奏繳二十七種禁書，其中包括溫陵李贄《續

藏書》一種，於乾隆 42 年 10 月 28 日奏准。〔註 490〕

2. 清乾隆乾隆 44 年 9 月初 6 奏准閩浙總督三寶所奏繳之禁書五十一種又
查出先前禁書六十二種。其中包括李贄書籍四種：《李氏藏書》六部刊
本、《李氏續藏書》五部刊本〔註 491〕、《李氏文集》二部刊本、《李氏
焚書》三部刊本。

辨　偽

任冠文〈《續藏書》考辨〉〔註 492〕提到，今本《續藏書》是後人編定的，
其內容不完全是李贄所作，研究李贄思想時，對這本書要加以甄別，其內容
有可信、基本可信和可疑三種情形。任冠文認為，焦竑在《續藏書序》講道：
「宏甫歿，遺書四出，學者爭傳誦之。其實真贋相錯，非盡出其手。」由此
可知，李贄確實寫過《續藏書》，但全書是否都出李贄之手，焦氏已有懷疑。
《續藏書》引起人們的懷疑的原因與它「惟一於揚善不刺惡」的內容有密切
關係。

任冠文將《藏書》、《續藏書》二書做些比較分析，除了二書體例不一致
外，二書傳記立目編排著眼點不同。《續藏書》雖分十四類，實則只是功臣、
名臣、輔臣三類，與《藏書》八大類、幾十小類相比，不僅包容量遠不能及，
而且無法全面反映一朝歷史。《續藏書》無「世紀」一體，已失去了從縱的方
面把握全局的條件，而且單調的傳類立目更局限了對人物的記載。

另外《續藏書》不僅立目與《藏書》不同，編排原則也不一樣。《藏書》
人物傳記的編排是李贄統觀歷代各類人物之後，根據其行事按自己的觀點放
入各類，甚至打破了朝代界限。而《續藏書》基本按時間發展順序編排，特
別是前十卷只以「開國」與「靖難」兩個時期的人物立傳。內閣輔臣及其它
各傳也是按時間順序編排。顯然二書立目與編排，作者的著眼點不同。

二書論史態度的差異，是引起人們懷疑的主要原因。《續藏書》第一篇《小
引》開首便講「臣李贄曰」，這種自稱不僅在《藏書》中找不到，就是在《續
藏書》也僅此一處。《續藏書》是李贄晚年之作，此時的李贄已棄官多年，落

〔註 490〕詳見雷夢辰《清代各省禁書彙考》，北京：書目文獻出版社，1989 年，頁 125
～126。

〔註 491〕三寶奏道：「是書，李贄著。今續查出五部。內三部全。一部原缺卷三、卷四、
卷七、卷八、卷九、卷十四、卷十五、卷二十一、卷二十二、卷二十五至二
十七。又一部只存卷一、卷二，俱不全。」《清代各省禁書彙考》，頁 197。

〔註 492〕見《史學史研究》，1998 年第 1 期，頁 56～63。

髮亦多年，爲何開口便用「臣李贄曰」呢？他既非史官，又不是爲官方修史，且既自稱臣，爲何於書中不一以貫之呢？整篇《小引》完全是一篇吹捧朱元璋的頌文，其後的《開國諸臣總敘》、《開國諸臣緣起》、《開國諸臣本根》三篇文中雖未稱臣，但與《小引》一樣，全是爲朱元璋歌功頌德之作。

任冠文認爲，李贄一生「快口直腸，憤激過甚」，在《藏書》中他寫人寫事多據實直書，「以其所見之眞是非爲立說」、「一切斷以己意」，因此他的史論往往「與世不相入」。但是在《續藏書》中不僅沒有「與世不相入」的情況，而且處處諱避，除了吹捧明太祖之外，就連各傳人物也是一味敘其功績，彰其優點，這些似乎與李贄一貫的性格、思想也有很大出入。

《熙朝名臣實錄》與《續藏書》的關係

明末書賈據《續藏書》改竄，僞提爲焦竑所作《熙朝名臣實錄》。朱鴻林的〈熙朝名臣實錄即續藏書考〉、〈試論熙朝名臣實錄冒襲續藏書緣由〉與吳德義《《四庫全書總目》糾誤兩則》這三篇文章主要在論述《熙朝名臣實錄》一書即是《續藏書》。

然《熙朝名臣實錄》與《續藏書》眞爲同一部書嗎？《續藏書》是李贄的著作，而《熙朝名臣實錄》的作者署名卻是焦竑。根據《四庫全書總目·熙朝名臣實錄提要》〔註493〕記載：

> 《熙朝名臣實錄》二十七卷，浙江巡撫採進本，明焦竑撰。此書《明史·藝文志》不著錄。前有自序，謂明代諸帝有《實錄》，而諸臣之事不詳，因撰此書。自王侯、將相及士、庶人、方外緇黃、僮僕、妾伎無不備載，人各爲傳。蓋宋人《實錄》之體，凡書諸臣之卒，必附列本傳，以紀其始末。而明代《實錄》則廢此例，故竑補修之。其書郭子興諸子之死，書靖難諸臣之事，皆略無忌諱；又如紀明初有通曉四書等科；皆《明史·選舉志》及《明會典》所未載；韓文劾劉瑾事，有太監徐智等數人爲之內應，亦史傳所未詳，頗足以資考證。然各傳中多引《寓圃雜記》及《瑣綴錄》諸書，皆稗官小說，未可微信。又或自序事，或僅列舊文，標其書目，於體裁亦乖。所附李贄評語，尤多妄誕，不足據爲定論也。

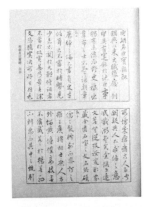

《熙朝名臣實錄》序文與卷一

《熙朝名臣實錄》,《續修四庫全書》收入「史部‧傳記類」,見第 532 冊,頁 1～428。此書據上海圖書館藏明末刻本影印,原書板框高廣 14.1 公分×21.1 公分。書前有焦竑序一篇。行格版式爲:10 行,22 字;白口,單黑魚尾,四周單邊,行間刻有圈點。卷端題「熙朝名臣實錄卷一,秣陵焦竑輯,虎林柴應槐、楊爾曾訂,梁杰校」。

朱鴻林並未見過《熙朝名臣實錄》一書,他在〈熙朝名臣實錄即續藏書考〉一文中以三方面來論證《熙朝名臣實錄》即《續藏書》:

1. 以《明史》考證攟逸引文證《名臣實錄》與《續藏書》之雷同。朱鴻林考證二書的數字、地名、仕歷官名、條陳事項、文句字辭諸條證之。

2. 以《四庫提要》之文證《熙朝名臣實錄》與《續藏書》實爲一書。朱鴻林以《四庫提要》來比較二書的卷數、類別、大體內容、個別傳記、體裁特色及以及序文,認爲此二書名異實同。

3. 以書籍流傳情況證《熙朝名臣實錄》之襲奪《續藏書》。朱鴻林指出《熙朝名臣錄》最早被著錄是始見於清初徐乾學《傳是樓書目》,在此之前,《明史》〈藝文志〉、王圻《續文獻通考》〈經籍志〉。又焦竑〈澹園續集序〉刊於萬曆 39 年夏後,然集中並無所謂〈熙朝名臣實錄序〉,是《續藏書》刊行之時,尚無此書也。

朱鴻林在〈試論熙朝名臣實錄冒襲續藏書緣由〉〔註494〕一文中指出,《續藏書》的創始與編輯皆與焦竑有關,而李贄稿件多屬焦竑收藏,故在《續藏書》中焦竑的文章就有數篇。例如,《續藏書》卷十四「都督同知萬公表」傳,見於《澹園集》卷二十八,此篇作於萬曆 31 年,李贄卒後一年;《續藏書》

〔註494〕見 http://www.tenyun.com/HuiJiLiLun/20080319/333742-1.shtml

卷十八「太子少保李敏肅公世達」傳，見於《澹園集》卷十，萬曆34年後作；《續藏書》卷二十二「心齋王公艮」傳中附王璧傳，見《澹園集》卷三十一，作於萬曆34年。以上諸篇，俱於李贄死後所作，雖然焦竑非自冒人作者，朱鴻林認為因為《續藏書》的取材、結集、刊布皆得焦竑之力，又焦竑有盛名，應是明末書賈射利，故偽造《熙朝名臣實錄》一書。

吳德義〈《四庫全書總目》糾誤兩則〉指證兩則《四庫全書總目》紕漏之處，那就是將《薑氏秘史》與《革除編年》、《續藏書》與《熙朝名臣實錄》各自看作兩本不同的書。本文比較了《續藏書》與《熙朝名臣實錄》目次編排的方式，指出《熙朝名臣實錄》在每卷前無標題，但其實際分目及卷次順序與《續藏書》是一致的，並且兩書收錄的人物相同，只是有些人物在《續藏書》兩見，而《熙朝名臣實錄》改變了兩見做法，以人物本傳所在卷為主，不復它見。吳德義認為，李贄是《續藏書》的作者，《熙朝名臣實錄》只是《續藏書》的翻刻本，託名為焦竑所作並不可信。並且《熙朝名臣實錄》的抄襲留下了一些痕跡，例如，《熙朝名臣實錄》各卷均注「卷ＸＸ終」，但是卷23、卷 24 末尾卻注「《續藏書》卷二十三終」、「《續藏書》卷二十四終」，留下了《熙朝名臣實錄》翻刻《續藏書》的佐證。尤其是《熙朝名臣實錄》前署名「秣陵焦竑弱侯甫撰」的自序，幾乎全部來自于《續藏書》的兩篇序文，尤與李序相同。

據筆者複查，《熙朝名臣實錄》目前僅有明末刻本一種版本，上海圖書館所藏有此書，此書的版本款式與國家圖書館藏的《續藏書》「柴應槐訂，梁杰校本」一模一樣。將二書書影比對後，可以判定，《熙朝名臣實錄》應是明末書賈，根據《續藏書》「柴應槐訂，梁杰校本」翻刻竄改。

國家圖書館所藏《續藏書》柴應槐訂，梁　　上海圖書館藏《熙朝名臣實錄》明末刻
　　　　　杰校本。　　　　　　　　　　　　　　本。

（六）相關研究論文

佐藤鍊太郎	李贄『續藏書』について〔日〕 東方學，第 67 卷，頁 76～90，1984 年
任冠文	《續藏書》考辨 史學史研究，1998 年第 1 期，頁 56～63
任冠文	《續藏書》的史論特色 史學史研究，1999 年第 2 期，頁 39～44，1999 年 6 月
朱鴻林	熙朝名臣實錄即續藏書考 大陸雜誌，第 72 卷第 6 期，頁 29～35
朱鴻林	試論熙朝名臣實錄冒襲續藏書緣由 大陸雜誌，第 73 卷第 1 期，頁 35～37
丁孝智	續藏書（簡介） 中國學術名著提要，歷史卷，頁 235～237，復旦大學出版社，1994 年 1 月
路新生	藏書、續藏書（簡介） 中國學術名著大辭典，頁 887～889，吳士余、劉凌主編，上海，漢語大辭典出版社，2000 年 12 月

2-2　集　部

一、《李溫陵集》

（一）提　要

1.《四庫全書總目》〈李溫陵集提要〉：〔註495〕

《李溫陵集》二十卷，江蘇周厚堉家藏本，〔明〕李贄撰。贄有《九正易因》，已著錄。是集一卷至十三卷為答書、雜述，即《焚書》也；十四卷至十七卷為讀史，即摘錄《藏書》史論也；十八、十九二卷為道原錄，即《說書》也；第二十卷則以所為之詩終焉。前有自序，蓋因刻《說書》而併摘《焚書》、《藏書》合為此集也。

贄非聖無法，敢為異論。雖以妖言逮治，懼而自剄，而焦竑等盛相推重，頗熒眾聽，遂使鄉塾陋儒，翕然尊信，至今為人心風俗之害。

〔註495〕見《四庫全書總目》卷 178．集部 31．別集類．存目 5。

故其人可誅，其書可燬。而仍存其目，以明正其爲名教之罪人，誣民之邪說，庶無識之士不至怵於虛名，而受其簧鼓，是亦彰癉之義也。

2. 《藏園訂補　邵亭知見傳本書目》〈李溫陵集提要〉：

《李溫陵集》二十卷，明李贄撰。明萬曆刊本，九行二十字，白口，四周單闌。此書四庫存目。

3. 《福建通志》·藝文志·李溫陵集：

（《李溫陵集》）一卷至十三卷爲『書答』、『雜述』，即《焚書》也。十四卷至十七卷爲『讀史』，即摘錄《藏書》史論也、十八、十九兩卷爲『道原錄』，即《說書》也。第二十卷則以所爲之詩終焉。

（二）序　文

1. 〈李溫陵自序〉〔註496〕

自有書四種，一曰《藏書》，上下數千年是非，未易肉眼視也，故欲藏之，言當藏扵山中以待後世子雲也。一曰《焚書》，則答知己書問，所言頗切近世學者膏肓，既中其痼疾，則必欲殺我矣，故欲焚之，當焚而棄之，不可留也。《焚書》之後，又有別錄，名爲《老苦》，雖同是《焚書》，而另爲卷目，則欲焚者焚此矣。

獨《說書》四十四篇，眞爲可喜，發聖言之精蘊，闡日用之平常，可使讀者一過目便知入聖之無難，出世之非假也。信如傳註，是欲入而閉之門，非以誘人，實以絕人矣。烏乎可！其爲說原扵鄉朋友作時文，故《說書》亦佑時文，然不佑者故多也。

今既刻《說書》，故再《焚書》亦刻，再《藏書》中一二論著亦刻。《焚書》不復焚，藏者不復藏矣。

或曰：「誠如是，不宜復名《焚書》也，不幾扵名之不可言，言之不顧行乎？噫噫！予安能知？子又安能知？夫欲焚者，謂其逆人之耳也；欲刻者，謂其入人之心也。逆耳者必殺，是可畏也。然予年六十四矣，倘一入人之心，則知我者或庶幾乎。予幸其庶幾也，故刻之。

卓吾老子題湖上之聚佛樓。

〔註496〕本篇序文據明萬曆海虞顧大韶校刊本輸入。

2.〈溫陵集序〉〔註497〕

宏父之歿,十有餘年,事既久而論定,澤未斬而風流,其人其書可得而言矣。跡其居身夷惠之間,游意儒禪之表,棄家依友,好辯賈禍,莊生所謂其人尼父列之狂士者也。發而爲書,舌殆臨川,筆亞眉山,其言肆而多中,其旨遠而不文,雜以善謔,兼之怒罵,故哲士擇筌蹄以醉心,淺人拾唾穢以飴口,宜其名溢婦孺,教彌區宇者乎。至乃高自夸許,謂落筆驚人,吐辭爲經,斯言過矣。

古之作者必擅三長,今遺學則荒博文之經,侈膽則開妄作之門,已屬卮言,固非通論。且循言按之,三者之中,識、膽信矣,才無稱焉,得失賁若,有目難欺也。《藏書》百卷,止憑應德左編,恣加刪述,顛倒非是,縱橫去留,以出宋人之否則有餘,以析眾言之淸則未足。《世說》、《初潭》義例蹐雜,《中庸》,《道古》旨趣無奇,自此以還,益寥寥矣。若夫氣挾風霜,志光日月,擄聖賢之腎腸,寒偏學之心膽,其在《焚書》乎?子靜、伯安未審優劣,求之近世,絕罕其儔,雖吾師之胸羅三教,目營千載,亦似不及也。《說書》數十篇,放于體而弱于辭,放于體而戾今,弱于辭而乖古,雖云理勝,未睹成章。《老》、《莊》二解可謂淸通已。采焦氏《易》不復入集,《孫武參同》寡所發明。《易因》一編率多傅會,甚至俗說、院本槩傳標評,悉屬贋書,無可寓目。

茲之所撰,盡巳削諸。集凡二十卷,本之《焚書》者十六,取之《藏書》及雜著者十四。宏父李姓,名載贄,福之晉江人,嘉靖中舉于鄉,仕至姚安太守。

(三)目　錄〔註498〕

卷之一　書答

答周西巖	答李如眞	答周若莊
與焦弱侯	答鄧石陽	又答石陽太守
答李見羅巡撫	答焦從吾	答何克齋尚書

〔註497〕本篇序文已不見存於目前流傳的《李溫陵集》,故本文據顧大韶之《顧仲恭文集》輸入。

〔註498〕本目錄根據明萬曆海虞顧大韶校刊本輸入。

復丘若泰	復鄧石陽	復周三魯
答鄧明府		

卷之二　書答

答耿中丞	又答耿中丞	與楊定見
與焦從吾	又與從吾	又與從吾孝廉
復耿中丞	復京中友朋	又答京友
復宋太守	答耿中丞論淡	答劉憲長
答周友山	答周柳塘	與耿司寇告別

卷之三　書答

答耿司寇	答鄧明府	復周柳塘
寄答大中丞		

卷之四　書答

與莊純夫	答周二魯	復焦秣陵
又與焦秣陵	復鄧鼎石	寄答京友
答周柳塘	寄答留都	與曾繼泉
與曾中野	書常順手卷呈顧沖菴	

卷之五　書答

答劉方伯書	答莊純夫書	與周友山書
又與周友山書	與焦漪園	與劉晉川書
與友朋書	答劉晉川書	別劉肖川書
答友人書	答以女人學道為見短書	復耿侗老書
與李惟清	與明因	與焦弱侯
與弱侯	與方伯雨束	與楊定見
與楊鳳里	又與楊鳳里	與梅衡湘
復衡湘答書	又	復麻城人書
與河南吳中丞書	答陸思山	與周友山
與友山	寄京友書	與焦弱侯書

卷之六　書答

復士龍悲二母吟	復晉川翁書	書晉川翁壽卷後
會期小啓	與友人書	復顧冲菴翁
又書	又書使通州詩後	附顧冲老送行序
復澹然大士	復李漸老書	與管登之書
觀音問	答澹然師（五首）	與澄然（一首）
答自信（五首）	答明因（六首）	

卷之七　雜述

豫約小引	一早晚功課	一早晚山門
一早晚禮儀	一早晚佛燈	一早晚鐘鼓
一早晚守塔	一感慨平生	寒窗小話第一段
第二段	第三段	第四段

卷之八　雜述

卓吾論畧	論政篇爲羅姚州作	何心隱論
夫婦論	鬼神論	戰國論
兵食論	雜說	玉合
崑崙奴	拜月	紅拂

卷之九　雜述

童心說	心經提綱	提綱說
無爲說	四勿說	虛實說
定林庵記	高潔說	爲黃安二上人（三首）
三蠹記	三叛記	

卷之十　雜述

南詢錄引	龍谿小刻	儒林考引
忠義水滸傳序	子由解老序	老子解序
初潭集序	又序	道古錄引
附劉晉川書道古錄首	孫子參同序	附梅衡湘序
墨子批選序	因果錄序	淨土決前引
三教品序	高同知獎勸序	送鄭大姚序
李中丞奏議序	自刻說書序	

卷之十一　雜述

先行錄序	時文後序	張橫渠易說序
龍谿先生文抄序	易因小序	讀易要語
關王告文	李中谿告文	王龍谿先生告文
羅近谿先生告文	祭無祀文	篔山碑文
李生十交	自贊	贊劉諧

卷之十二　雜述

石湖卷	與眾樂樂卷	方竹圖卷
書黃安二上人手冊	讀律膚說	解經題
書決疑論前	解經文	念佛答問
征途與共後語	批下學上達語	書方伯雨冊葉
讀若無母寄書	耿楚空先生傳	附周友山爲明王書法語
題關公小像	三大士像議	

卷之十三　雜述

代深有告文	又告	禮誦藥師告文
移往上院邊廈告文	禮誦藥師經畢告文	代常通病僧告文
安期告眾文	告土地文	告佛約束偈
二十分識	因記往事	四海
八物	五死篇	傷逝
戒眾僧	戒大智	

卷之十四　讀史

藏書紀傳總論	藏書紀傳後論	世紀總論
田齊	漢文帝	魏（二首）
晉司馬氏	宋齊梁陳	燕慕容氏
大臣總論	叔孫通	王導謝安
狄仁傑	公孫弘	盧懷愼
容人大臣	藺相如	張良
呂好問	鼂錯	張騫
王曾	趙鼎	陳亮
富國名臣論	卓茂	徐有功
謀臣論	廝養卒	荀彧
屈原	伍員申包胥	矦生

王章	龔勝等	朱穆
范式孔嵩	田疇	

卷之十五　讀史

道學	荀子	孟子
樂正子	文中子	謝良佐
行業儒臣	司馬光	朱子
司馬相如	呂惠卿	章惇
蘇軾	司馬遷	武臣總論
吳起	韓信	趙充國
陳湯	曹瑋	范仲淹
賢將論	馬援	皇甫嵩
李勣	賊臣	秦檜
太子憲	唐宦官	外臣總論
吏隱外臣總論	胡廣	馮道

卷之十六　讀史

曹公（二首）	楊修	反騷
史記屈原	漁父	招魂
誡子詩	非有先生論	子虛
賈誼	鼂錯	絕交書
養生論	琴賦	幽憤詩
酒德頌	思舊賦	楊升菴集
蜻蛉謠	唐貴梅傳	茶夾銘
李白詩題辭	伯夷傳	岳王并施全
張千載	李淑贈盜	封使君

卷之十七　讀史

宋統似晉	逸少經濟	孔北海
經史相爲表裏	鐘馗即終葵	段善本琵琶
樊敏碑後	詩畫	黨籍碑
無所不佩	荀卿李斯吳公	宋人譏荀卿
季文子三思	陳恒弒君	王半山
爲賦而相灌輸	文公著書	闇然堂類纂引
朋友篇	阿寄傳	孔明爲後主寫申韓管子六韜

管寧華歆	王戎	初潭集賢夫
李固女	李昌夔妻	竹林
陰鳳	金縢	李克
道學	聚書	楊子雲
陸士衡宋處宗	夢	顧長康
禰正平	姜肱	張季鷹
梅	祖逖戴淵	豪客
殷謝	知人	伊敏
孔融	篤義	王維與魏居士書
詆毀	交友	謝公
癡臣	強臣	范文正公

　　卷之十八　　道古錄

　　卷之十九　　道古錄

　　卷之二十　　詩〔註499〕

讀書樂	富莫富於常知足
九日同袁中夫看菊寄謝主人	至日自訟謝主翁
朔風謠	題繡佛精舍
十八羅漢漂海偈	十八羅漢游戲偈
哭耿子庸（四首）	宿吳門（二首）
同深有上人看梅	又觀梅
鄭樓	薙髮（四首）
哭貴兒（三首）	哭黃宜人（六首）
夜半聞鴈（四首）	莊純夫還閩有憶（四首）
歲暮過胡南老（四首）	穉山寺夜坐
慰鄭子玄（三首）	寓武昌寄劉晉川（八首）
塞上吟	賦松梅（二首）
贈何心隱高第弟子胡時中	偈二首答梅中丞
懷林答偈附	雲中僧舍芍藥（二首）

〔註499〕　本卷內容相同於《焚書》‧第六卷，只有部分的篇名有所出入。例如〈慰鄭子
　　　　　玄〉在《焚書》中篇名爲〈送鄭子玄〉；〈寓武昌寄劉晉川〉在《焚書》中則
　　　　　是〈寓武昌郡寄眞定劉晉川先生〉。

士龍攜二孫同弱侯過余解糭（四首）	南池（二首）
太白樓（二首）	恨菊
哭陸仲鶴（二首）	九日坪上（三首）
除夕道場即事（三首）	閉關
元宵	哭懷林（四首）
晉陽懷古	過鴈門（二首）
渡桑間	初至雲中
贈兩禪客	得上院信
重來山房贈馬伯時	古道通三晉
中州第一程	詠史（三首）
却寄（四首）	喜楊鳳里到攝山（二首）
山中得弱侯下第書	同周子觀洞龍梅
湖上紅白梅盛開戲題	贈周山人
牡丹時（二首）	初到石湖
春宵燕集得空字	中秋劉近城攜酒湖上
秋前約近城鳳里到周子竹園（二首）	環陽樓晚眺得碁字
重過曾家	送鄭子玄兼寄弱侯
丘長孺生日	謁關聖祠
觀鑄關聖提刀躍馬像	秋懷
閒步	立春喜常融二人至（二首）
乾樓晚眺（三首）	贈利西泰
六月訪袁中夫攝山	薛蘿園宴集贈鷗江詞伯
望東平有感	過聊城
過武城（二首）	自武昌渡江宿大別
曉行逢征東將士却寄梅中丞	晚過居庸
九日至極樂寺聞袁中郎且至因喜而賦	元日極樂士大雨雪
雨中塔寺和袁小修韻	讀羊叔子勸伐吳表
讀劉禹錫金陵懷古	琉璃寺
赴京留別雲松上人	望魯臺禮偈二程詞〔註500〕

〔註500〕校訂：「詞」應爲「祠」。

（四）目前可見的各種版本

1. 各大圖書館藏善本書

《李溫陵集》二十卷，〔明〕李贄撰。

版本：明海虞顧大韶校刊本。

版匡高廣：20.2公分×13.2公分。

行格版式：9行，行20字。單欄，版心白口，單黑魚尾，版心上鐫書名、中鐫卷次、下鐫葉次。

序跋者：前有李贄自序（頁版心下鐫「吳郡趙邦賢刻」）。

正文卷端題：「李溫陵集卷之一　海虞後學顧大韶仲恭校」。

典藏地：國家圖書館〔註501〕、中研院傅斯年圖書館〔註502〕、中國國家圖書館、北京大學圖書館〔註503〕、中共中央黨校圖書館、中國科學院圖書館、中國社會科學院文學研究所、上海圖書館、上海辭書出版社圖書館、湖北省圖書館、湖南省圖書館、西南師範學院圖書館。

資料來源：《明別集版本志》、中文古籍書目資料庫、中國古籍善本書目聯合導航系統。

卷一　　　　　　　　　　　　　　　序文

（國家圖書館藏　明海虞顧大韶校刊本）

〔註501〕全10冊。裝訂：包角線裝。藏書印：「劉承幹／字貞一／號翰怡」白文方印、「吳興劉氏／嘉業堂／藏書印」朱文方印、「國立中／央圖書／館考藏」朱文方印。有微捲。

〔註502〕資料格式：4冊。28公分。排架號：檜木櫃47-2。全彩光碟代號：900506-513。全彩壓縮光碟代號：90Y72J001、90Y150J005、90Y200J010。索書號：846161。

〔註503〕資料格式：全6冊。資料來源：《北京大學圖書館藏古籍善本書目》。

2. 影印本

《李溫陵集》，〔明〕李贄撰。

收入於《續修四庫全書》·集部；第 1352 冊，頁 1～298。

上海：上海古籍出版社。出版時間：1995 年。

版匡高廣：20.5 公分×26.8 公分。

行格版式：9 行，行 20 字。單欄，版心白口，單黑魚尾，版心上鐫書名。

前有李贄自序一篇。

本書據明海虞顧大韶校刊本影印。

 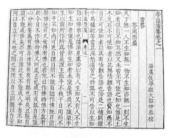

　　　封面　　　　　　　　　序　　　　　　　　　　卷一

《李溫陵集》，〔明〕李贄撰。

收入於《四庫全書存目叢書》·集部別集類；集 126 冊，頁 153～449。

臺南：莊嚴文化事業出版。出版時間：1997 年。

行格版式：9 行，行 20 字。單欄，版心白口，單黑魚尾，版心上鐫書名。

書前無序。

書後附錄：〈四庫全書總目·李溫陵集二十卷提要〉。

本書據北京大學圖書館藏明刻本影印。（按：據「明海虞顧大韶校刊本」影印）

 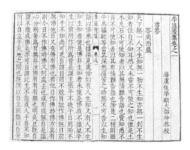

　　　封面　　　　　　　　　　　　　卷一

《李溫陵集》二十卷，〔明〕李贄撰。

　　收入於《中國文史哲資料叢刊》．第 12 冊。

　　資料格式：2 冊。22 公分。

　　臺北；文史哲出版社。出版時間：1971 年。

　　行格版式：9 行，行 20 字。單欄，版心白口，單黑魚尾，版心上鐫書名。

　　前有李贄自序。

　　本書據明萬曆間刊本影印。（按：此書影印版本爲「明海虞顧大韶校刊本」）

　　　封面　　　　　　　　　序言　　　　　　　　　卷一

《李溫陵集》二十卷，〔明〕馬李贄撰。

　　收入於《回族典藏全書》．第 84～86 冊。

　　資料格式：3 冊。30 公分。精裝本。

　　蘭州：甘肅文化出版社、寧夏人民出版社。出版時間：2008 年。

　　行格版式：9 行，20 字。白口，單黑魚尾，無直格，行間刻評點與私名號，版心上鐫書名。

　　書前有李贄自序。

　　本書據明顧大韶校刊本影印。

　　　封面　　　　　　　　書名頁　　　　　　　　　內文

3. 排印本

《李溫陵集》，〔明〕李贄著。

收入於《中國名著精華全集》〔註504〕·第 12 冊。

此書乃是當代重新編輯本，此書收入篇章與內容完全不同於本章所與
探討的《李溫陵集》二十卷。

4. 電子文獻

《李溫陵集》二十卷，〔明〕李贄撰。

合肥：黃山書社出版。出版時間：2008 年。

資料庫名稱：《中國基本古籍庫》·藝文庫·文學類·詩文別集目；
06654。

資料形式：文字及圖像。

開發製作：北京愛如生數字化技術研究中心。

原據版本：明刻本。圖像版本：明刻本。

集叢冊次號係據漢珍提供總目清單之序號著錄。

  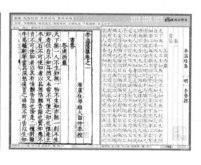

電腦繪製的書皮　　　　　　　　內文　　　　　　　　版本對照

《李溫陵集》二十卷，〔明〕李贄撰。

資料形式：縮微膠片。

出版社：北京全國圖書館文獻縮微中心。出版年份：2001 年。

資料格式：發行片 1 盤，35mm，銀鹽。

（五）刊刻與版本源流

版　本

〔註504〕李敖主編。

　　《李溫陵集》二十卷，目前可見只有一種版本，即明海虞顧大韶〔註505〕校刊本。此書行格版式爲：9 行，行 20 字。單欄，版心白口，單黑魚尾，版心上鐫書名。書前有李贄自序（頁版心下鐫「吳郡趙邦賢刻」），正文卷端題：「李溫陵集卷之一　海虞後學顧大韶仲恭校」。

　　關於《李溫陵集》的刊刻時間，許建平認爲此書的刊刻時間比汪本鈳編《續焚書》早。〔註506〕又顧大韶在〈李溫陵集序〉中言：「宏父之歿，十有餘年。」李贄於萬曆 30 年去世，故此書刊刻時間晚於萬曆 40 年。

《李溫陵集》與《焚書》的關係

　　《李溫陵集》是目前可見李贄著作中保存最多、最完整李贄書信與雜述的本子。舉例來說，《李溫陵集》卷三〈答耿司寇〉一文，在《焚書》中約三分之一的篇幅被刪去。《李溫陵集》所保存的篇章與《焚書》相比較，在《書答》方面多出了 11 篇，在《雜述》方面多出了 11 篇，在《讀史》方面多出了 104 篇。〔註507〕

　　顧大韶在編校《李溫陵集》時非常重視分辨眞假，他在〈李溫陵集序〉中說：「甚至俗說本斠傳標評，悉屬贋書，無可寓目。茲之所傳，盡已削諸。」

　　關於《李溫陵集》的編輯，許建平提出下列論點：〔註508〕

1. 顧大韶編輯《李溫陵集》時間比汪本鈳編《續焚書》爲早。

2. 顧大韶的老師──管志道，與李贄友好，身邊藏有李贄所定《焚書》，且此《焚書》是萬曆 23 年以前的本子，很可能是萬曆 20 年或 18 年刻本。顧大韶編輯《李溫陵集》時，應該是以老師手上的《焚書》做爲底本。

3. 顧大韶編《李溫陵集》意在收集李贄著作之精華。他認爲李贄諸書中，以《焚書》爲最，故以一至十三卷的篇幅全收錄之；雜著錄其詩一卷。顧大韶在〈李溫陵集序〉中說：「集凡二十卷，本之《焚書》者十六，取之《藏書》及雜著者十四。」

〔註505〕顧大韶，字仲恭，海虞人。好佛釋，無心功名，述而不著，老於諸生，通經史百家及內典，擇書甚嚴。

〔註506〕見許建平，〈《焚書》刊刻過程、版本及眞僞〉，《復旦大學學報》（社會科學版），2008 年第 5 期，頁 113。

〔註507〕詳見許建平，〈《焚書》刊刻過程、版本及眞僞〉，《復旦大學學報》（社會科學版），2008 年第 5 期，頁 104～105。

〔註508〕詳見許建平，〈《焚書》刊刻過程、版本及眞僞〉，《復旦大學學報》（社會科學版），2008 年第 5 期，頁 105～106。

禁　書

《李溫陵集》爲清代禁書，詳見《清代禁書知見錄》。

勘　誤

《四庫全書總目》著錄此書時寫道：「十八、十九二卷爲道原錄，即《說書》也；第二十卷則以所爲之詩終焉。前有自序，蓋因刻《說書》而併摘《焚書》、《藏書》合爲此集也。」這段話有幾個錯誤。首先《李溫陵集》卷十八、卷十九收錄的是《道古錄》而非《道原錄》。其次，顧大韶編《李溫陵集》約萬曆 40 年以後，其意在收集李贄著作之精華，去其贗書，並非「因刻《說書》而併摘《焚書》、《藏書》合爲此集」。

（六）相關研究論文

〔日〕左藤鍊太郎	李贄《李溫陵集》與《論語》——左派王學的道學批判 論語の思想史，東京，汲古書院，1994 年
許建平	《焚書》刊刻過程、版本及眞偽 復旦學報（社會科學版），2008 年第 5 期，頁 104～114，2008 年

二、《李氏文集》

（一）提　要

泉州蘇大山《紅蘭館藏書目》有著錄此書：「《溫陵李氏文集》十八卷，明刻本。」《李氏文集》的內容與《李溫陵集》相同。（請參見本書，頁 288「李溫陵集提要」）

（二）目前可見的各種版本

《李氏文集》二十卷，〔明〕李贄撰。

版本：明顧大韶校刻本。

行格版式：9 行，20 字。白口，四周單邊，版心上鑴書名。刻工：陳文。

序跋者：李贄自序。

卷端題：「海虞後學顧大韶仲恭校」。

典藏地：中國國家圖書館、中國科學院圖書館〔註 509〕、太原市圖書

〔註 509〕資料格式：7 冊 1 函。存 14 卷（卷 3～卷 12，卷 17～卷 20）。資料來源：中

館、山東省博物館、南京圖書館、天一閣文物保管所、安徽省圖書館。

資料來源：《明別集版本志》、中國古籍善本書目聯合導航系統。

《李氏文集》十八卷，〔明〕李贄撰。

版本：明顧大韶校刻本。

行格版式：9 行，20 字。白口，四周單邊，無直格。

序跋者：李贄自序（首頁版心下刻「姑孰陳文梓」）。

卷端題：「海虞後學顧大韶仲恭校」。卷 18 末鐫「十八卷大尾終」。

典藏地：中國國家圖書館〔註 510〕、上海圖書館、旅大市圖書館、吉林大學圖書館、南京圖書館。

資料來源：《明別集版本志》、中國古籍善本書目聯合導航系統。

（三）刊刻與版本源流

版　本

《李氏文集》目前可見兩種版本，一為二十卷本，一為十八卷本，二者皆為顧大韶校刻本。《李氏文集》二十卷本與《李溫陵集》相比較，在行格、版式、卷次、內容各方面皆相同，但此二書並非同版本，可以說《李氏文集》是《李溫陵集》的重刻本。

禁燬書

清代乾隆 52 年頒佈的《禁書總目》，列《李卓吾文集》為禁書；另外《李贄文集》亦屬應燬類，詳見於《清代禁燬書目四種索引》。地方上實際的查禁奏繳方面，筆者查到三條：

1. 清乾隆年間江西巡撫郝碩奏繳一百六十八種禁書，其中包括《李氏文集》一部十本、《李氏禁書》二部十一本。〔註 511〕

2. 清乾隆乾隆 42 年 11 月初 2 奏准浙江巡撫三寶所奏繳之禁書六十五種。其中包括李贄書籍三種：《李氏文集》五部刊本〔註 512〕、《李氏遺

國科學院國家科學圖書館古籍檢索系統。

〔註 510〕冊數：10 冊。書衣有胡適墨筆題記。

〔註 511〕詳見雷夢辰《清代各省禁書彙考》，北京：書目文獻出版社，頁 112，1989 年。

〔註 512〕三寶奏道：「是書，明李贄著，溫陵人。係贄所作各體詩古文，二十卷，其立說多有乖僻。內二部全。一部另版，名《李溫陵集》，卷次相全同。又一部原缺卷七至卷十一。又一部原缺卷十六至卷二十。」（《清代各省禁書彙考》，頁 219）。

書》一部刊本、《李氏焚書》六十三部刊本。〔註513〕

3. 清乾隆乾隆 44 年 9 月初 6 奏准閩浙總督三寶所奏繳之禁書五十一種又查出先前禁書六十二種。其中包括李贄書籍四種：《李氏藏書》六部刊本、《李氏續藏書》五部刊本、《李氏文集》二部刊本、《李氏焚書》三部刊本。〔註514〕

三、《續焚書》／《李氏續焚書》

（一）提　要

《續焚書》又名《李氏續焚書》，共五卷，是李贄死後由其門生汪本鈳輯成。《續焚書》體例仿《焚書》，卷一為書彙，彙集各類書信；卷二為序彙、說彙、論彙；卷三為讀史彙；卷四為雜著彙、卷五為詩彙。

（二）序　文

1. 〈李氏續焚書序〉〔註515〕

新安汪鼎甫，從卓吾先生十年，其片言隻字，收拾無遺。先生書既盡行，假託者眾，識者病之。鼎甫出其《言善篇》、《續焚書》、《説書》，使世知先生之言有關理性，而假託者之無以為也。鼎甫亦有功於先生已！

澹園老人焦竑

2. 〈讀卓吾老子書述〉〔註516〕

華亭侗初張鼐撰

卓吾死而其書重。卓吾之書重，而真書、贗書并傳于天下。天下人具眼者少，故真書不能究其意，而贗書讀之，遂足以禍人。蓋人知卓吾為後世著書，而不知其為自己寫照。卓吾之面目精神不可見，而萬世猶能見之者，書也。

〔註513〕三寶奏道：「是書，明李贄著，溫陵人，係贄所作各體詩文雜著。內四十八部全。又一部不全。又《續焚書》五部，不全。」（《清代各省禁書彙考》，頁219）。
〔註514〕詳見雷夢辰《清代各省禁書彙考》，頁 191～167，北京：書目文獻出版社，1989 年。
〔註515〕筆者所過目的古籍原書皆未見此篇序文，因此本序文根據中華書局的排印本輸入。
〔註516〕本篇序文根據南京圖書館藏明刻本輸入。

卓吾疾末世為人之儒，假義理，設牆壁，種種章句解說，而逐耳目之流，不認性命之源，遂以脫落世法之踪，破人間塗面登場之習。事可怪而心則真，跡若奇而腸則熱。且不直人世毀譽，生死不關其胸中，即千歲以前，千歲以後，筆削是非，亦不能亂其權度。總之，要人絕盡支蔓，直見本心，為臣死忠，為子死孝，朋友死交，武夫死戰而已。此惟世上第一機人能信受之：五濁世中那得有奇男子善讀卓吾書，別其非是者！今俗子僭其奇誕以自淫放，而甘心于小人之無忌憚，動輒甲乙筆墨，亂其手澤，而託言卓吾老子之遺書。夫一古人之書耳，有根本者下筆鑒定，則為畫龍點睛，無根本者妄意標指，則為刻舟記劍。嗟乎，我安得具眼之人讀卓吾氏之書哉！

或謂卓吾老子削髮奇，畜髮奇，髡而髭鬚奇，誦經而葷血奇，為不知死則又奇。余謂此非卓吾老子之精神面目也。卓吾即不髡，不葷，不剄死，奇固自在。然則卓吾之書益難讀矣。今髡而溷者，是學其髡，學其葷血而刀鋸以死也，豈不誤人甚哉！信矣！卓吾之真書重也。真書重而贋書可以無辨。

汪鼎甫示我《續焚書》及《說書》，而並求作《三教鈔》序。余謂鼎父報卓吾恩，須訂定其真書，而列之目，傳于海內。雖然此其功且在萬世，與真書不朽，寧止報一卓吾老子恩也！余不及見卓吾而喜讀卓吾書，遂書其語而歸之。

　　　　　　　　　時萬曆戊午秋七月七夕後二日書于廣陵舟中

3.〈續刻李氏書序〉〔註517〕

鉗從先生遊九年所，朝夕左右未嘗須臾離也。稱事先生之久者無如鉗，宜知先生之真者亦無如鉗。顧鉗何足以知先生哉！則先生之自知也，先生自與天下萬世人共知之也。

先生一生無書不讀，無有懷而不吐。其無不讀也，若飢渴之抌飲食，不至於飫足不已；其無不吐也，若茹物噎而不下，不盡至於嘔出亦不已。以故，一點攄自足天下萬世之是非，而一欬唾寔關天下萬世之名教，不但如嬉笑怒罵盡成文章已也。蓋言語真切至到，文辭驚天動地，能令聾者聰，瞶者明，夢者覺，醒者醒，病者起，死者活，

〔註517〕本篇序文據南京圖書館藏明刻本輸入。

躁者靜，聒者結，腸冰者熱，心炎者冷，柴柵其中者自拔，倔疆不降者亦無不意頹而心折焉。何若是感觸之靈通且異也！然辛□以此不免，至自引決，則又非鉤之所敢知矣。

嗟摩！人誰不死，獨不得死所耳！一死而書益傳，名益重。蓋先生嘗自言曰：「一棒打殺李卓老，立成萬古之名。」一棒與引決，等死耳，先生豈死名者哉！至扵今十有七年，昔之疑以釋，忌以平，怒以消。疑不惟釋且信，忌不惟平且喜，怒不惟消且德矣。海以內無不讀先生之書者，無不欲盡先生之書而讀之者，讀之不已或并其僞者而亦讀矣。夫僞爲先生者，套先生之口氣，冒先生之批評，欲以欺人而不能欺不可欺之人。世不乏識者，固自能辨之。第□至今日，坊問一切戲劇淫謔，刻本批點。動曰「卓吾先生」耳。食葷翕然艷之，其爲世道人心之害不淺，先生之靈必有餘恫矣。此則鉤所大懼也。

蓋先生之書未刻者，種種不勝擢數。鉤既不能盡讀，年來糊口將母，又不暇讀。今不幸先慈弃捐，困苦哀毀之餘，即欲一讀先生之書而不可得，奈何！徒爾朽藏以供笥蠹，是猶令日月不出而求熄燼火之光，不亦謬乎！此則鉤之大罪也。因搜未刻《焚書》及《說書》，與兄伯倫相研校讐。《焚書》多因緣語、忿激語，不比尋常套語，先生已自發明矣。《說書》先生自敍刻扵龍湖者什二，未刻者什八。先以二種付之剞劂，餘俟次第刻之。

萬曆戊午夏仲新安門人汪本鉤書扵虹玉齋中

（三）目　錄〔註 518〕

卷一　書案

答馬歷山	復馬歷山	與馬歷山
與陸天溥	與焦弱侯	與友人論文
復陶石簣	與方訒菴	復陶石簣
寄焦弱侯	答友人書	復焦弱侯
與周友山	與方伯雨	復丘長孺
與焦弱侯	復李士龍	答劉敬臺
與周友山	與焦弱侯太史	與吳得常

〔註 518〕本目錄據南京圖書館藏明刻本輸入。

答來書	答馬侍御	與耿楚倥
與城老	與耿克念	答友人
與弱疾焦太史	又	答李惟清
答梅瓊宇	與焦漪園	與耿克念
答駱副使	答周友山	與焦弱疾
與馬伯時	與潘雪松	與李惟清
與馬伯時	與焦漪園太史	復劉肖川
復楊定見	與劉肖川	與梅長公
與周貴卿	復夏道甫	與周友山
與夏道甫	復夏道甫	與焦弱疾
與友人書	寄焦弱疾	與鳳里
與伯時馬侍御	與友人	與友人
復梅客生	與潘雪松	與焦弱疾
答高平馬大尹	答代州劉戶曹敬臺	答劉晉川
答瀋王	與焦弱疾	與耿叔臺
與夏道甫	與汪鼎甫	與焦弱疾
與耿子健	與焦從吾	與汪鼎甫
復焦漪園	答僧心如	與汪鼎甫
與袁石浦	復麻城人	答耿楚侗
與劉憲長	別劉肖甫	答鄧石陽
與陶石簣	復宋太守	與楊定見
與曾繼泉	與袁石浦	

卷二　序彙

開國小敘	史閣敘述	壽焦太史尊翁後渠公八秩華誕序
釋子須知序	壽劉晉川六十序	老人行敘
重刻五燈會元序	壽王母田淑人九十序	說弧集敘
自刻說書序	選錄晬車志敘	南詢錄敘
序篤義	序言善篇（劉東星）	道教鈔小引
聖教小引	書蘇文外紀後	書應方卷後
書小修手卷後	西征奏議後語	汝師子友名字說
窮途說	法華方便品說	金剛經說
五宗說	隱者說	三教歸儒說

論彙

論交難	強臣論	譎奸論

卷三　讀史彙

陳靜誠	劉伯溫	宋景濂
李善長	花將軍	韓成
馮勝	羅義	死難諸人
高翔程濟	劉璟王紳	胡忠安
姚恭靖	岳正	李賢
李東陽	楊廷和	席書
王驥	楊善	王文成
王晉溪	儲瓘	

附閱古事

裴耀卿疏救楊濬坐贓免笞辱准折贖		子伋子壽
衛玠問夢	庾公不遣的盧	史魚禽息
孔融有自然之性	其思革子	王維譏陶潛

卷四　雜著彙

東土達磨	釋迦佛後	書胡笳十八拍後
書遺言後	棲霞寺重新佛殿勸化文	列眾僧職事
追述潘見泉先生往會因由付其兒參將		說法因由
題孔子像于芝佛院	讀草廬朱文公贊	讀南華
讀金縢	附史閣欵語	李卓吾先生遺言

卷五　詩彙

五七言古體

捲蓬根	過桃源謁三義祠	

五言古體

張陶亭逼除上山既還寫竹贈詩故以酬之		哭承庵
歌風臺	登樓篇	

七言古體

贈段善甫	盆荷	

五言絕句

客吟（四首）	汝陽道中	觀音閣（二首）
郭有道與黃叔度會遇處	琴臺（二首）	望海（二首）
哭貴兒（二首）	憶黃宜人（二首）	初居湖上
湖上逢方孝廉	丘長儒訪予湖上兼有文玉	
戲袁中夫	和丘長儒醉後別意	答袁石公（八首）

七言絕句

三日風	渡黃河	到任城乃復方舟而進以侍御也
掛劍臺	聊城懷古（二首）	讀杜少陵（二首）
大同城	觀兵城東門	司馬誠所出臨清閘
彌陀寺	輪藏殿看轉輪	讀書燈
贈閱藏師僧	送思脩常順性近三上人往廣濟黃梅禮祖塔	
讀李太史集	和韻（十首）	讀顧冲菴辭疏
春夜	石潭即事（四絕）	知命偈似蕭拙齋（四首）
因方子及戲陸仲鶴（二首）		詠古（五首）
寄焦弱侯二絕	舟中和顧寶幢遺墨（四首）	
聽誦法華		

繫中八絕

老病始蘇	楊花飛絮	中天朗月
書幸細覽	書能誤人	老恨無成
不是好漢	送汪鼎甫南歸省母	

五言律

樓頭春雨	觀漲	溫泉酬唱（有序）
入山得焦弱侯書有感五言（二首）		
雨後訪段嚴庵禪室兼懷焦弱侯舊友（二首）		
鉢盂庵聽頌華嚴并喜雨（二首）		
哭袁大春坊	和壁間韻（四首）	中秋見月感念承庵
雪後	除夕李士龍至得吾字	中秋月
中秋對月寫懷	清池白月咏似潘國王（二首）	
獨坐	偶遊	乍寒
暮雨	大智對雨	雨甚
初雪	至後大雪呼鄰人縫衣帶因感而賦之	
送馬誠所侍御北還	初往招隱堂堂在謝公墩下（三首）	
寄方子及提學（二首）		

七言律

直沽送馬誠所兼呈若翁歷山并高張二居士		顧沖庵登樓話別（二首）
望京懷雲中諸君子	薊北遊寄雲中歐江詞伯	江上望黃鶴樓
又八月雨雪似晉老和之	李見田邀遊東湖（二律）	使往通州問顧沖庵（二首）
宿天臺頂	繫中憶汪鼎甫南還	

（四）目前可見的各種版本

1. 各大圖書館藏古籍善本

《李氏續焚書》五卷，〔明〕李贄撰，〔明〕汪本鈳輯。

　　版本：明萬曆 46 年（1618）新安海陽王氏虹玉齋刻本。

　　　　附《李溫陵外紀》五卷。

《李氏續焚書》五卷，〔明〕李贄撰。

　　版本：明刻本。

　　行格版式：9 行，20 字。無直格，白口，單黑魚尾，四周單邊，版心上鐫書名。

　　序跋者：汪本鈳序、張鼐序。

　　卷端題：「李氏續焚書」

　　典藏地：南京圖書館、安徽省博物館。

　　資料來源：《明別集版本志》、中國古籍善本書目聯合導航系統。

《李氏續焚書》五卷，〔明〕李贄撰。

　　版本：明刻本。

　　叢書名：《李氏全書四種》二十四卷。

　　行格版式：9 行，20 字。白口，四周單邊。

　　典藏地：上海圖書館、四川省圖書館。

　　與《說書》十卷、《焚書》四卷、《李溫陵外紀》五卷合刊。

　　資料來源：中國古籍善本書目聯合導航系統、中國叢書。

《李氏續焚書》五卷，〔明〕李贄著。

　　版本：明稽古齋刊本。

　　資料格式：2 冊。

　　版匡高廣：24.8 公分×16.3 公分。

　　萬曆 46 年序。

典藏地：首爾大學奎章閣韓國學研究院。

《李氏續焚書》五卷，〔明〕李贄撰。

版本：民國間曬印本。

資料格式：10 冊。

卷端題：「李氏續焚書」。

典藏地：中國國家圖書館。

2. 影印本

《李氏續焚書》五卷，〔明〕李贄撰。

收入於《續修四庫全書》・集部・別集類；第 1352 冊，頁 299～398。

上海：上海古籍出版社。出版時間：1995 年。

原書版框高廣：22.3 公分×30 公分。

行格版式：9 行，行 20 字。白口，單黑魚尾，四周單邊，無行格，版心上方鐫書名、中鐫卷次、下鐫葉次，行間刻圈點。

書前有序 2 篇：一篇署「萬曆戊午仲夏新安門人汪本鈳書於虹玉齋」、另一篇署「萬曆戊午秋七夕後二日華亭侗初張鼐識」。

據南京圖書館藏明刻本影印。

 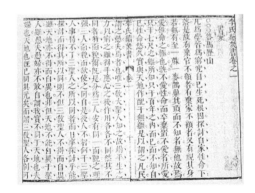

封面　　　　　　　　　　　　卷一

《李氏續焚書》五卷，〔明〕李贄撰。

收入於《四庫禁燬書叢刊》・補編；第 72 冊，頁 77～178。

北京：北京出版社出版。出版時間：2005 年。

行格版式：9 行，行 20 字。白口，單黑魚尾，四周單邊，無行格，版心上方鐫書名、中鐫卷次、下鐫葉次，行間刻圈點。

書前有序 2 篇：一篇署「萬曆戊午仲夏新安門人汪本鈳書於虹玉齋」、
另一篇署「萬曆戊午秋七夕後二日華亭侗初張鼐識」。
本書據南京圖書館藏明刻本影印。

封面　　　　　　　　　　　　　　　　卷一

《李氏續焚書》五卷，〔明〕馬李贄撰。

收入於《回族典藏全書》‧第 161 冊。

資料格式：30 公分。精裝本。

蘭州：甘肅文化出版社、寧夏人民出版社。出版時間：2008 年。

行格版式：9 行，20 字。白口，單黑魚尾，無直格，版心上鐫書名。

序文：汪本鈳序、張鼐序。

目錄最後為：「繫中憶汪鼎甫南還」。

本書據明木刻本複製。

封面

卷一

3. 排印本

《焚書　續焚書》，〔明〕李贄撰。

　　北京：中華書局。出版時間：1961 年、1974 年、1975 年、1988 年。

　　資料格式：全 1 冊。32 開本。400 頁。繁體字，直排本。

　　書前序文 3 篇：焦竑序、張鼐序、汪本鈳序。

封面

內頁

《續焚書》五卷，〔明〕李贄撰。

　　北京：中華書局出版。出版時間：1959 年。

　　資料格式：全 1 冊。130 頁。繁體字，直排本。

　　書前序文 3 篇：焦竑序、張鼐序、汪本鈳序。

　　本書據萬曆 46 年新安汪氏刊本排印。

封面

內文

《續焚書》，〔明〕李贄撰。

　　北京：中華書局。出版時間：1974 年。

　　資料格式：2 冊。16 開本。大字本，繁體字，直排。

封面

《續焚書》，〔明〕李贄撰。

　　北京：中華書局。出版時間：1974 年。線裝本。

《焚書　續焚書》，〔明〕李贄撰。

　　京都：中文出版社。出版時間：1971 年。

　　資料格式：517 頁。

　　書後附年譜。

《續焚書》，〔明〕李贄撰。

　　收入於《李贄文集》〔註519〕・第 1 卷。

　　北京：社會科學文獻出版社。出版時間：2000 年。

　　資料格式：簡體字，橫排。

　　序文 3 篇：焦竑序、張鼐序、汪本鈳序。

　　書後附袁中道〈李溫陵傳〉。

　　本書是由劉幼生以明刻本為底本，參校 1975 年中華書局排印本、嶽
　　麓書社排印本、北京燕山出版社排印本，整理而成。

_____

〔註519〕張建業主編。

封套　　　　　　　　　　　　　　封面

《焚書、續焚書》，〔明〕李贄撰。

　　收入於《李贄文集》，與《焚書》合刊。頁 335〜491。

　　北京：北京燕山出版社。出版時間：1998 年。

　　資料格式：簡體字，橫排。

　　前有序 3 篇：焦竑序、張鼎序、汪本鈳序。

封面　　　　　　　　　　　　　　內文

《焚書、續焚書》，〔明〕李贄撰。

　　漢京文化事業出版。出版時間：1984 年。

《焚書、續焚書》，〔明〕李贄撰，夏劍青點校。

　　收入於《古典名著普及文庫》。

　　長沙：嶽麓書社出版。出版時間：1990 年。

　　資料格式：精裝，32 開本。416 頁。簡體字，橫排。

4. 電子文獻

《續焚書》五卷，〔明〕李贄撰。

　　合肥：黃山書社出版。出版時間：2008 年。

　　資料庫名稱：《中國基本古籍庫》‧哲科庫‧思想類‧諸子思想目；
　　01201。

　　資料型式：文字及圖像。

　　開發製作：北京愛如生數字化技術研究中心。

　　原據版本：明刻本。

　　圖像版本：明刻本。

　　集叢冊次號係據漢珍提供總目清單之序號著錄。

電腦繪圖封面　　　　　　　　內文　　　　　　　　版本對照

（五）刊刻與版本源流

古籍版本

《李氏續焚書》五卷，由李贄門生汪本鈳編輯而成，此書於明萬曆 46 年（1618）新安海陽王氏虹玉齋刊刻。各大圖書館目前查無此版本，可能已亡佚。

明刻本《李氏續焚書》，單行本。其行格版式爲：「9 行，20 字。無直格，白口，單黑魚尾，四周單邊，版心上鐫書名」。卷端題：「李氏續焚書」。書前有序 2 篇：萬曆戊午汪本鈳〈續刻李氏書序〉、萬曆戊午張鼐〈讀卓吾老子書述〉。

明刻本《李氏續焚書》五卷，叢書本，收入於《李氏全書四種》二十四卷，與《說書》十卷、《焚書》四卷、《李溫陵外紀》五卷合刊。其行格版式爲：「9 行，20 字。白口，四周單邊」。

韓國首爾大學奎章閣韓國學研究院藏有「明稽古齋刊本」，書前有萬曆 46 年序。

《李氏續焚書》五卷，民國間曬印本，共 10 冊，藏於中國國家圖書館。

影印本

本書的影印本有三種，包括「續修四庫全書」本、「四庫禁燬書叢刊」本、「回族典藏全書」本。這三種皆是據南京圖書館藏明刻本影印，而「續修四庫本」與「四庫禁燬本」乍看很像，但是並非同一版本，其差異處可從目錄的最後一頁比較。「續修四庫本」目錄的最後面是「七言律」，其最後一條是〈繫中憶汪鼎甫南還〉；而「四庫禁燬本」的目錄部分只刻到「五言律」的〈至後大需呼鄰人縫衣袋因感而賦之〉，「七言律」完全省略，短少了 13 條目錄。（如下圖）

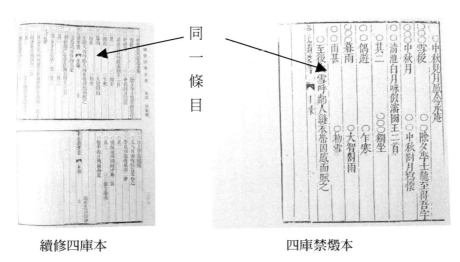

續修四庫本　　　　　　　　　　　　　四庫禁燬本

排印本

中華書局有出版四種《續焚書》排印本。茲列於下：

1. 第一種是《焚書、續焚書》合刊本，全 1 冊，總頁數：400 頁。出版 於 1961 年 3 月；1974 年 11 月；1974 年 12 月；1975 年 1 月；1988 年。

2. 第二種是《續藏書》五卷單行本，全 1 冊，內文頁數 130 頁。出版於 1959 年 12 月。此書據萬曆 46 年新安汪氏刊本排印。

3. 第三種是《續藏書》五卷單行本，全 2 冊，16 開本。大字本。出版於 1974 年 8 月。

4. 第四種為線裝本，出版於 1974 年 4 月。

北京燕山出版社於 1998 年 1 月出版《焚書、續焚書》合刊本。長沙嶽麓 書社於 1990 年 8 月出版《焚書、續焚書》合刊本，由夏劍青點校，收入於《古 典名著普及文庫》。

張建業主編的《李贄文集》，收《續藏書》於第 1 卷，2000 年 5 月出版。 本書是由劉幼生以明刻本為底本，參校 1975 年中華書局排印本、嶽麓書社排 印本、北京燕山出版社排印本，整理而成。書後附袁中道〈李溫陵傳〉。

外文書籍方面，日本京都的中文出版社有《焚書、續焚書》合訂本，出 版於 1971 年，內文頁數為 517 頁，書後附有〈李贄年譜〉。

禁燬書

《李氏續焚書》在清代書籍中屬於違礙類，詳見《清代禁書知見錄》、《清 代禁燬書目四種索引》。

校勘〔註520〕

黃壽祺在 1976 年時對《續焚書》做校勘工作，他以中華書局 1975 年版 《續焚書》為底本，與明萬曆 40 年陳大來刊本《李卓吾先生遺書》進行校勘， 並參考史志、方志等相關資料。校勘結果如下：：

1. 中華書局 1975 年版《續焚書》有多處需要校改。例如：黃壽祺於《校 勘紀述》第 34 條在〈書彙・與焦弱矣〉：「朱文公當復遞歸婺源，不宜 卒葬沙縣之鄉矣。」這段話下批注：「朱子葬於建陽大林谷，不葬於沙 縣。卓吾誤記。」

〔註520〕 參見黃高憲，〈黃壽祺《續焚書校勘》述評〉，閩江學院學報，第 25 卷第 1 期，頁 105～112，2005 年 2 月。

2. 中華書局 1975 年版《續焚書》有多處需要增補。例如：黃壽祺於《校勘紀述・第 68 條》寫道：「《書彙》中的另一篇〈與焦從吾〉缺 208 字，宜據《李氏遺書》校補。」

3. 在 1975 年版《焚書　續焚書》合訂本中，《續焚書》與前面的《焚書》有多篇文章相重複。

4. 張建業於 2000 年編的「李贄文集本」《續焚書》，有些校勘上的問題與中華書局 1975 年版《續焚書》相同。例如，《校勘紀述》第 60 條所指出的：「『木座』宜改爲『末座』、《校勘紀述》第 91 條所指出的：「『以求同志之勸』宜改爲『以求同志之歡』。」

（六）相關研究論文

繆宏才	續焚書（簡介） 中國學術名著大辭典，頁 109～110，吳士余、劉凌主編，上海，漢語大辭典出版社，2000 年 12 月
黃高憲	黃壽祺《續焚書校勘》述評 閩江學院學報，第 25 卷第 1 期，頁 105～112，2005 年 2 月

四、《李卓吾先生遺書》／《李氏遺書》

（一）提　要

《李卓吾先生遺書》二卷、《附錄》一卷，此書又名《李氏遺書》。此書上卷收書答，下卷收雜述和詩；附錄收朋友們哀悼與懷念李贄的文章。此書是焦竑於李贄死後，收集李贄未刊刻的文章，加以整理後，交與陳大來刊刻。焦竑說：「卓老尺牘見於刻行《焚書》者，什之三四」，但是「所收半已散軼」，因此「梓行之以俟識者之自擇」。〔註521〕

（二）序文

1.〈刻李卓吾先生遺書小序〉〔註522〕

余素仰慕卓吾先生，渴欲一見顏色，人傳先生善罵人，又不與人接談，顧余慕先生甚，雖善罵人，不與人接談，願一見也。及與友人吳得常謁先生，先生顧獨喜余二人，且蒙倒屣，且蒙枉駕，娓娓談

〔註521〕見《李卓吾先生遺書》〈焦竑序〉。
〔註522〕本篇序文據國家圖書館明萬曆 40 年陳大來刊本輸入。

不置，余竊怪與所聞相謬盭，前後受益先生者宏且侈，載在《永慶答問》中。踰五年，先生沒，世爭傳先生書，不啻貴洛陽紙也。

夫世人嚴畏先生，故不安先生，而廣行先生教言，此非其真心不可磨滅者耶！壬子秋，余尋諸友舊盟，奉澹園焦先生教，語及先生，焦先生因出先生遺書示余，書皆未經傳布者。余得書甚喜，亟讀之，如飲蘭露，餐松液，兩腋風生，又如衝霜雪之途，獲透汗也，渾身融暢矣，是惡可以不傳？

亟付陳大來氏，壽之梓。梓成，余竊歎先生具千古之隻眼，覺一世之瞢瞢，嘻笑怒罵，無非佛事，樂說默然，無非法門。世人偷食視蔭，奄奄如泉下人，宜爲先生唾罵；有能負出世志，堅立腳跟，宜爲先生嘉與。執著語言，葛藤不斷，則先生可以嘿；若相視而笑，莫逆于心，則先生可以語。讀先生遺書者，請各自觀省于上四者奚若，便自志意悚然，將爽然得解于言語文字之外，是爲親見先生面顏，親聆先生謦咳者。

峝

時萬曆壬子季冬之吉，新安後學佘永寧書

2. 焦竑序〔註523〕

卓老尺牘見於刻行《焚書》者什之三四耳，鄙意盡爲檢出稍擇其粹者，付之剞劂，不意長兒□逝，所收半已散軼，□其存者遺往，煩即梓行之，以俟識者之自擇，其亦可也。

竑白

大來兄姻丈

（三）目 錄

本書分上卷、下卷，附錄爲祭文與〈李贄傳〉。

上卷 書

與耿楚倥	與方訒菴
與周友山	答駱副使
復楊生定見	與劉肖川

〔註523〕本序文據杭州大學圖書館藏明萬曆 40 年刻本輸入。

與周友山	答僧心如
與焦弱矦	與吳得常
與馬伯時	又
答友人	與周貴卿
答友人	與李惟清
又答李惟清	與耿子健納言
又與耿子健	答代州劉戶曹敬臺
又答劉敬臺	答潘王
答高平馬大尹	與耿叔臺
與潘雪松	答劉晉川
與友人　三首	復梅客生
答馬侍御	與夏道甫

下卷　雜著

敘老人行	窮途
金剛說	隱者說
焦後渠八十壽言	王母壽篇
壽劉晉川六十文	書蘇長公外紀後
書應方卷後	西征奏議後語
讀金縢	子伋子壽
三教歸儒	衛玠問夢
庾公不遣的盧	史魚禽息
孔融有自然之性	序篤義
王維譏陶潛	論交難
其思革子	裴耀卿疏救楊濬坐贓免笞辱准折贖
譎奸論	強臣論後

詩

將到雲中	大同城
觀兵城東門	讀書燈
贈閱藏師僧	石潭即事　四絕
詠古　五首	入山得焦弱矦書有感　五言二首
江上望黃鶴樓	雨後訪叚嚴庵禪室兼懷焦弱矦舊友

李見田邀遊東湖　二律	盂盂庵聽誦華嚴并喜雨　二首
顧冲庵登樓話別	暮雨
大智對雨	獨坐
偶遊	哭承庵
中秋見月感念承庵	哭貴兒　二首
憶黃宜人　二首	初居湖上
湖上逢方孝廉	邱長孺訪予湖上兼有文玉
和邱長孺醉後別意	春夜
因方子及戲陸仲鶴　二首	雪後
除夕李士龍至得吾字	中秋夜
中秋對月寫懷	初雪
寄方子及提學　二首	至後大雪呼鄰人縫衣袋因感而賦之
宿天臺頂	登樓篇
戲袁中夫	送馬誠所侍御北還
乍寒	雨甚
薊北遊寄雲中歐江詞伯	客吟　四首
讀顧冲庵弅疏	

附錄

祭卓吾先生文　　陶望齡	哭卓吾先生文　　　方時化
卓吾先師告文　　汪本鈳	卓吾先生告文　　　佘永寧
紀事十絕　　方沆	弔李卓吾　二絕　　周汝登
薦李卓吾先生疏	拜懺功德疏
李溫陵傳　　　袁中道	馬誠所先生與京中諸老書

（四）目前可見的各種版本

1. 各大圖書館所藏古籍善本

《李卓吾先生遺書》二卷，《附錄》一卷，〔明〕李贄撰。

　　版本：明萬曆壬子（40 年，1612）陳大來（邦泰）刊本。

　　版匡高廣：19.4 公分×13.7 公分。

　　行格版式：9 行，行 18 字。左右雙欄，間四周單邊，版心白口，單黑魚尾，無直格，上方記書名「李氏遺書」。

　　序：〔明〕佘永寧序。

　　正文卷端題：「李卓吾先生遺書卷上」。卷端不著撰人名氏。

典藏地：國家圖書館〔註524〕、杭州大學圖書館、福建省博物館。

資料來源：《明別集版本志》、中文古籍書目資料庫。

2. 影印本

《李卓吾先生遺書》二卷，《附錄》一卷，〔明〕李贄撰。

收入於《四庫禁燬書叢刊‧補編；第72冊》，頁1～76。

北京：北京出版社。出版時間：2005年。

書前有序2篇：一為焦竑序、一為萬曆壬子冬季新安後學佘永寧書。

行格：9行，行18字。

本書據杭州大學圖書館藏明萬曆壬子（40年）陳人來刊本影印。

封面　　　　　　　　目錄　　　　　　　　卷上

3. 排印本

此書目前沒有排印本。

〔註524〕冊數：4冊。裝訂：線裝。藏印：「劉承幹／字貞一／號翰怡」白文方印、「吳興劉氏／嘉業堂／藏書印」朱文方印、「鄭／寬」白文方印、「國立中／央圖書／館考藏」朱文方印。有微捲。書號12344。

（五）刊刻與版本源流

刊　刻

《李卓吾先生遺書》的篇章內容與《續焚書》有許多部分重複。以本書「雜述」部分舉例，如〈窮途〉、〈金剛說〉、〈隱者說〉、〈三教歸儒〉，這四篇也收入於《續焚書》的「卷二‧說彙」；另外〈敘老人行〉、〈焦後渠八十壽言〉、〈王母壽篇〉、〈壽劉晉川六十文〉、〈書蘇長公外紀後〉、〈書應方卷後〉、〈西征奏議後語〉、〈序篤義〉，這八篇也收入於《續焚書》的「卷二‧序彙」；還有〈譎奸論〉、〈論交難〉、〈強臣論後〉這三篇收入於《續焚書》的「卷二‧論彙」；〈讀金縢〉收入《續焚書》的「卷四」；其餘的〈子伋子壽〉等八篇皆收入《續焚書‧卷三‧閱古事》內。

如此分析，《李卓吾先生遺書》卷下「雜述」內的所有篇章，皆與《續焚書》所收相同，只是篇目名稱與排放位置不同，並且《續焚書》所收篇章較本書多。這種情形在此書上卷的「書答」與下卷的「詩」中亦可見。

追究其原因，《李卓吾先生遺書》乃是焦竑整理，於明萬曆 40 年交給陳大來刊刻；而《續焚書》乃是汪本鈳整理，於 46 年刊刻，並且《續焚書》書前亦有焦竑序。故可之，汪本鈳在整理《續焚書》時，必定有參考《李卓吾先生遺書》，所以《續焚書》的內容涵蓋了此書大部分。然重複部分，並不包括「附錄」，《續藏書》僅收李贄的文章，而《李卓吾先生遺書》的「附錄」乃是哀悼李贄之文。

版本

在版本方面，《李卓吾先生遺書》只有明萬曆 40 年陳大來刊本一個版本，原書典藏於國家圖書館、杭州大學圖書館、福建省博物館。本書另有「四庫禁燬書叢刊」的影印本，然目前尚無排印本。

禁燬

《李氏遺書》在清代書籍中屬於「應燬類」，詳見《清代禁書知見錄》、《清代禁燬書目四種索引》。清乾隆乾隆 42 年 11 月初 2 奏准浙江巡撫三寶所奏繳之禁書六十五種。其中包括李贄書籍三種：《李氏文集》五部刊本、《李氏遺書》一部刊本〔註525〕、《李氏焚書》六十三部刊本。

〔註525〕三寶奏道：「是書，明李贄著，溫陵人，所作詩文雜體，在文集之外，分上下卷，語涉乖僻。」《清代各省禁書彙考》，頁 219。

校勘〔註 526〕

黃壽祺在 1976 年時對《續焚書》做校勘工作，他以中華書局 1975 年版《續焚書》爲底本，與明萬曆 40 年陳大來刊本《李卓吾先生遺書》進行校勘。其目的雖然是爲了校勘《續焚書》，但也附帶校勘了《李卓吾先生遺書》多條，例如，

黃壽祺在《校勘紀述》第 64 條〔註 527〕批注：「《遺書》〔註 528〕無『以』字，非。」又《校勘紀述》第 78 條〔註 529〕批注：「《遺書》『偕』作『皆』，誤。」再如《校勘紀述》第 85 條〔註 530〕批注：「《李氏遺書》有此篇，目錄題無『說』字，漏。」……諸如此類，不一一列舉。

2-3　叢　書

一、《李氏六書》

（一）提　要

《李氏六書》署稱「溫陵卓吾李贄編著、琅琊弱侯焦竑評點，京山本寧李維楨刪訂，海虞仲恭顧大韶參詳，晉江奕馭劉紹爵標旨」，每卷卷首都有顧大韶的刪訂小記。本叢書內容包括：《歷朝藏書》、《皇明藏書》《初潭集》、《焚書》《叢書彙纂》、《說書學庸》。《清代禁書知見錄》著錄《李氏六書》爲禁書。

（二）序　文

1. 顧大韶《前藏書刪定小記》：

顧其爲書，代經數十，人經八百，葉積二千，古今大觀備矣。《六書》所刪定，則略其列傳而載其論著，置其全璧而拾其寸金……本寧太史曰：「吾以令窮鄉貧士未得睹卓吾之書者，沐江漢而分陽秋，且博綜全書者亦庶乎有其旨歸而便于服習焉爾。且繁簡并行，惟人所適，又何妨于全書耶？」

〔註 526〕參見黃高憲，〈黃壽祺《續焚書校勘》述評〉，閩江學院學報，第 25 卷第 1 期，頁 105～112，2005 年 2 月。
〔註 527〕位於《續焚書》・書彙・〈答沈王〉。
〔註 528〕《遺書》此指《李卓吾先生遺書》，以下相同。
〔註 529〕位於《續焚書》・敘彙・〈老人行序〉。
〔註 530〕位於《續焚書》・說彙・〈窮途說〉。

2. 顧大韶《續藏書刪定小記》：〔註531〕

《續藏書》者，自明興迄慶曆諸臣列傳也。……其間微顯闡幽，
標新領異，大都與《藏書》同，第一意揚善，殊少刺惡，爲稍異
耳。

閩人眉原蘇郡伯得之，太史焦弱侯評之，金陵王惟儼梓之，京山本
寧太史復取而刪定之。

（三）目錄〔註532〕

卷一　歷朝藏書（即《藏書》）
卷二　皇明續藏書、名公初譚（即《續藏書》、《初潭集》）
卷三　焚書書答
卷四　焚書雜述
卷五　叢書彙纂
卷六　說書學庸

（四）目前可見的各種版本

《李氏六書》六卷，〔明〕李贄撰，〔明〕李維楨刪定，〔明〕顧大韶參訂，
〔明〕焦竑評點。

版本：明萬曆45年（1617）痂嗜軒刻本。

行格版式：9行，22字。白口，四周單邊。

除卷五外，每卷卷首都有顧大韶的刪訂小記。

典藏地：北京大學圖書館。

資料來源：中國古籍善本書目聯合導航系統、《北京大學圖書館藏古
籍善本書目》、林海權《李贄年譜考略》。

二、《李氏全書》

（一）提　要

《李氏全書》有兩種。一種是「湯顯祖批點本」，有十卷，內容分爲「集

〔註531〕轉引自崔文印，〈李贄著作編年考辨〉。原文待查。
〔註532〕本目錄據「中國古籍善本書目聯合導航系統」輸入。許蘇民在《李贄評傳》
　　　　中著錄此書目錄爲：《歷朝藏書》一卷、《皇明藏書》一卷、《焚書書答》一卷、
　　　　《焚書雜述》一卷、《叢書彙》一卷、《說書》一卷。

部焚書」與「經部說書」兩部份。另一種是「明刻本」，有二十四卷，內容則包括《說書》十卷、《焚書》四卷、《李氏續焚書》五卷、《李溫陵外紀》五卷。此二書除了書名相同外，編者與內容皆不相同。

（二）序　文

1.《李氏全書》〈總序〉

著述家咄咄竟響不一，大家屈指李氏。李氏夙以書訓世、經世、濟世、駭世、應世、傳世，世輒稱爲「禿和尚」，或又稱爲「禿菩薩」。菩薩普度眾生，慈心救世，似猶近之，實不省李氏書旨。世假李氏書夥甚，眞出其手者，雅推《藏書》、《焚書》、《說書》。《藏書》藏不盡，《焚書》焚不盡，《說書》說不盡，而爲經史集，靡弗具備。乃吹李氏毛者，便說著幾句零碎話。得《藏書》傳世，未可濟世，《焚書》誡世，未可應世，《說書》訓世，未可傳世。

所謂世手注書，世眼評書，到底不是李氏書旨。譬之買骨董的，不得波斯胡怪客一一指點本相，舊屏風如何寶過新板壁，任它鋪陳；色色新樣，出來也不脫張慕溪、李愛塘新開雜貨店而已。

噫嘻！文無活像，圈點生之，文無身價，評注活之。弗識李氏像，怎麼定李氏價？繼李氏而藏之書、焚之書、說之書者，則有會通顏氏子。余家居，披閱顏氏著述，殊不亞李氏，顏氏評李氏書，更不亞餘之評顏氏書。《藏書》評注，大約光怪百出，不勝殫記，頃褚以浩繁，尚未見竣其事。然則《焚書評》雲何？恭侯台趾之套，書答焚之；旁引口証之訛，雜述焚之，附會標榜之目，讀史焚之。焚學究之牧歌，聊贈一長篇短句，焚頭巾之文諺，後題著五言、七言。

奇矣哉，聖若《說書注》：魯論不遺半部說，曾傳恰是十章說，《中庸》說完備性命功果，七篇說養成仁義彌陀。間有潦倒婆子語，不妨驅金剛以詫之，間有團圞釋子語，不妨呼那吒以破之。決不容它人強填隻字，阿私我救世李老。起李老而問之，必曰：「傳世可，濟世可，經世可，應世可，訓世可，即駭世亦無不可。」經耶？集耶？史耶？得顏氏子而庶幾不朽。世眼世手，其謂顏氏子何！雖然，顏氏子評注，猶其一斑也，天下更有藏不盡、焚不盡、說不盡者，非

顏氏子《武功紀勝》、《九十九籌》諸書，吾誰與歸！世安得不以屈指李氏者屈指顏氏？

古臨湯顯祖撰。

2.〈信著齋序〉〔註533〕

初擬合刻《說書》、《藏書》、《焚書》，分經、史、集部。今《藏書》已有陳太史評過，若再合出，未免爲日出後之爝火矣。故止刻《焚》、《說》二書評注行世。評注良不易，閱此，則諸本無評注者可盡廢也。

（三）目　錄

1.「湯顯祖批點本」目錄（十卷本）

集部焚書：包括〈書答〉一卷、〈襍述〉一卷、〈讀史〉一卷、〈詩歌〉一卷。

經部說書：包括〈論語統論〉二卷、〈大學統論〉一卷、〈中庸統論〉一卷、〈孟子統論〉二卷。

2. 明刻本目錄（二十四卷本）

《說書》十卷：包括《論語》三卷、《大學》二卷、《中庸》二卷、《孟子》三卷。

《焚書》四卷

《李氏續焚書》五卷

《李溫陵外紀》五卷，〔明〕魯紘昭輯

（四）目前可見的各種版本

《李氏全書二種》十卷，〔明〕李贄撰；〔明〕湯顯祖批點。

版本：明信著齋刻本。

行格版式：9行，行20字。白口，四周單邊，單魚尾。

典藏地：中國國家圖書館〔註534〕、浙江圖書館。〔註535〕

資料來源：中國古籍善本書目聯合導航系統、《浙江圖書館古籍善本書目》。

《李氏全書四種》二十四卷，〔明〕李贄撰。

版本：明刻本。

〔註533〕本序文節錄轉引自崔文印，〈李贄著作編年考辨〉，頁435。
〔註534〕冊數：6冊。
〔註535〕資料格式：14冊。

行格版式：9 行，20 字。白口，四周單邊。

典藏地：上海圖書館、四川省圖書館。

資料來源：中國古籍善本書目聯合導航系統、《中國叢書》。

（五）版本源流探討

《李氏全書》是李贄去世後，他人所編的輯的一部叢書。現存的《李氏全書》有兩種，一種是收入《說書》與《焚書》兩部書，爲〔明〕湯顯祖批點本，現藏於中國國家圖書館與浙江圖書館。

另一種《李氏全書》乃是按經、集排列，首爲《說書》，即經部；次爲《焚書》、《續焚書》，爲集部。最末爲《李溫陵外紀》，其中除雜文彙外，附有袁小修《李溫陵傳》、李贄《卓吾論略》、顧沖庵《贈李先生致仕去滇序》，吳寧野《李禿翁贊》等四篇。此版本現藏於上海圖書館與四川省圖書館。

三、《李氏叢書》

（一）提　要

本書又名《卓吾先生李氏叢書》、《李卓吾遺書十二種》。收入李贄著作十二種，包括《道古錄》二卷、《心經提綱》一卷、《觀音問》一卷、《老子解》二卷、《莊子解》二卷、《孫子參同》三卷、《墨子批選》四卷、《因果錄》三卷、《淨土決》一卷、《闇然錄最》四卷、《三教品》一卷、《讀永慶答問》一卷。

（二）目　錄

《道古錄》二卷〔註536〕	《心經提綱》一卷
《觀音問》一卷	《老子解》二卷
《莊子解》二卷	《孫子參同》三卷
《墨子批選》四卷	《因果錄》三卷
《淨土決》一卷	《闇然錄最》四卷
《三教品》一卷	《讀永慶答問》一卷〔註537〕

（三）目前可見的各種版本

1. 各大圖書館藏古籍善本

《李氏叢書十二種》二十五卷，〔明〕李贄撰。

〔註536〕〔明〕李贄，〔明〕劉東星撰。
〔註537〕〔明〕余永寧等輯。

版本：明萬曆燕超堂刻本。

典藏地：北京大學圖書館。

資料來源：《北京大學圖書館藏古籍善本書目》。

《李氏叢書十二種》二十五卷，〔明〕李贄撰。

版本：明萬曆刻本。

行格版式：9 行，18 字。白口，左右雙邊。

典藏地：北京大學圖書館、中國科學院圖書館、上海圖書館。

資料來源：中國古籍善本書目聯合導航系統。

《李氏叢書十二種》二十三卷，〔明〕李贄撰。

版本：明刻本。

資料格式：12 冊 1 函。

目錄：

《道古錄》二卷

《心經提綱》一卷

《觀音問》一卷

《老子解》二卷

《莊子解》二卷

《孫子參同》三卷

《三教品》一卷

《墨子批選》二卷

《讀永慶答問》一卷

《因果錄》三卷〔註 538〕

《净土決》一卷

《闇然錄最》四卷

典藏地：中科院國家科學圖書館總館。〔註 539〕

資料來源：中國科學院國家科學圖書館古籍檢索系統。

《李氏叢書》，〔明〕李贄撰；〔明〕洪良巡校，〔明〕洪良建校。

版本：明刊本。

冊數：1 冊，存四卷。

〔註 538〕佘永寧輯。

〔註 539〕排架號：2939179－90。

版匡高廣：22.4 公分 x15 公分。

行格版式：9 行，行 20 字。單欄，版心白口，單魚尾。

正文卷端題：「溫陵卓吾李贄注，新安愿卿洪良巡校，新安惟中洪良建校」。

典藏地：國家圖書館。

2. 影印本與排印本

此書目前沒有影印本與排印本。

（四）刊刻與版本源流

《李氏叢書》目前已知有三種版本。茲列如下：

1. 第一種版本是「明萬曆刻二十五卷本」，此版本行格版式為：9 行，18 字。白口，左右雙邊。

2. 第二種版本是「明刻二十三卷本」，此版本與前者的差別是在《墨子批選》的卷數。「明萬曆刻本」的《墨子批選》是四卷，此版本為二卷。

3. 第三種是「〔明〕洪良巡與洪良建校本」，此版本行格版式為：9 行，行 20 字。單欄，版心白口，單魚尾。藏於國家圖書館，目前僅存四卷。

四、《卓吾先生李氏叢書》

（一）提　要

本書又名《李氏叢書》、《李卓吾遺書十二種》。收入李贄著作十二種，目

前僅存十一種，包括《道古錄》二卷、《心經提綱》與《觀音問》合刻一卷、《老子解》二卷、《莊子解》二卷、《孫子參同》三卷、《墨子批選》四卷、《因果錄》三卷、《淨土決》一卷、《闇然錄最》四卷、《三教品》一卷。

（二）目　錄

《道古錄》二卷	《心經提綱》
《觀音問》〔註540〕	《老子解》二卷
《莊子解》二卷	《孫子參同》三卷
《墨子批選》四卷	《因果錄》三卷
《淨土決》一卷	《闇然錄最》四卷
《三教品》一卷	

（三）目前可見的各種版本

1. 各大圖書館藏古籍善本

《卓吾先生李氏叢書十二種》二十四卷，〔明〕李贄撰。

版本：明陳氏繼志齋刻本。

行格版式：8 行，18 字。白口，四周單邊。

資料格式：現存 11 種，23 卷。

典藏地：首都圖書館、旅大市圖書館。

資料來源：中國古籍善本書目聯合導航系統。

《卓吾先生李氏叢書十一種》二十三卷，〔明〕李贄撰。

版本：明陳氏繼志齋刻崇禎間燕超堂重印本。

行格版式：8 行，18 字。白口，四周單邊。

典藏地：北京大學圖書館、上海圖書館。

資料來源：《中國叢書廣錄》、中國古籍善本書目聯合導航系統。

2. 影印本與排印本

此書目前沒有影印本與排印本。

（四）版本源流探討

《卓吾先生李氏叢書》僅有一個版本流傳，即「明陳氏繼志齋刻本」，此版本行格版式為：8 行，18 字。白口，四周單邊。「崇禎間燕超堂印本」為「繼

〔註540〕《心經提綱》與《觀音問》合為一卷。

志齋刻本」的重印本，並非重刻本。

　　《卓吾先生李氏叢書》在清代屬於全燬類，詳見《清代禁書知見錄》、《清代禁燬書目四種索引》。

五、《李氏遺書》

（一）提　要

　　李贄著作被稱爲《李氏遺書》的有二部。一爲《李卓吾先生遺書》；〔註541〕一爲篇要介紹的九卷本《李氏遺書》。清黃虞稷《千頃堂書目》有著錄此書；《福建通志》〈藝文志〉有存目，列入釋家類。

　　《李氏遺書》九卷本，共收入《釋子須知》、《曹氏一門》、《明詩選》、《淨土決》、《道古錄》六部書。其中《曹氏一門》與《明詩選》可能是僞托。

（二）目　錄

《釋子須知》二卷	《曹氏一門》二卷
《明詩選》二卷	《淨土決》一卷
《道古錄》二卷	

（三）目前可見的各種版本

　　《李氏遺書》九卷，　(明)李贄撰。

　　　　版本：無刻書年月，約明天啓間刊本。

　　　　資料來源：林海權《李贄年譜考略》、晉江地區文管會資料〈李贄著作目錄簡介〉。

（四）刊刻與版本源流

　　《李氏遺書》在清代書籍中屬於應燬類，詳見《清代禁書知見錄》、《清代禁燬書目四種索引》。清乾隆乾隆 42 年 11 月初 2 奏准浙江巡撫三寶所奏繳之禁書六十五種。其中包括李贄書籍三種：《李氏文集》五部刊本、《李氏遺書》一部刊本〔註542〕、《李氏焚書》六十三部刊本。

〔註541〕此書內容二卷、附錄一卷，內容上卷收書答，下卷收雜述和詩，附錄收友人們哀悼與懷念李贄的文章。（詳見第 80 頁，《李卓吾先生遺書》）

〔註542〕三寶奏道：「是書，明李贄著，溫陵人，所作詩文雜體，在文集之外，分上下卷，語涉乖僻。」《清代各省禁書彙考》，頁 219。

第三節　存疑僞託之書

3-1　經　部

一、《說書》／《李氏說書》

（一）提　要

《李氏說書》，此書又名《說書》、《卓吾先生李氏說書》。《說書》有兩種，一爲「六卷本」明王敬宇刊本；一爲「十卷本」湯顯祖批點本，收入於《李氏全書》。〔註543〕六卷本的內容爲《大學統論》一卷、《中庸統論》一卷、《論語統論》二卷、《孟子統論》二卷。其內容在講述「四書」中修身、齊家、治國、平天下的道理。

（二）序　文

1.〈自刻說書序〉〔註544〕

李卓吾曰：余雖自是，而惡自表暴，又不肯借人以爲重。

既惡表暴，則宜惡刻書，而卒自犯者何？則以此書有關於聖學，有關於治平之大道，不敢以惡表暴而遂已也。既自刻矣，自表暴矣，而終不肯借重於人，倘有罪我者，其又若之何？此又余自是之病終不可得而破也。寧使天下以我爲惡，而終不肯借人之力以爲重。

雖然，倘有大賢君子欲講修、齊、治、平之學者，則余之《說書》，其可一日不呈於目乎？是爲自刻《說書序》。

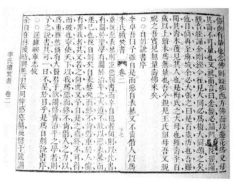

《續焚書》卷二〈自刻說書序〉〔註545〕

〔註543〕請參見本書，頁306〜308。
〔註544〕明王敬宇刊本《說書》書前無此篇序文，本文據《續焚書》‧卷二‧〈自刻說書序〉輸入。

2.〈李氏說書序〉〔註 546〕

夫《說書》何書也？說孔、曾、思、孟之書也。孔、曾、思、孟之書，何書也？孔、曾、思、孟所著之書，所以立言以教天下萬世者，豈有外於吾心之中？吾心之一哉？如有能明吾心之「中」、之「一」，以說孔、曾、思、孟之書，豈其不得孔、曾、思、孟之眞實義耶？

夫孔、曾、思、孟之書固在也，而後世有孔、曾、思、孟者出焉，豈有在於孔、曾、思、孟之書者哉？《易》曰：「書不盡言，言不盡意。」而天下後世必欲求孔、曾、思、孟之意於其言；求孔、曾、思、孟之言於其書者，何與？殊不知心性之大，自有精深之易，雖卦爻之未畫，今亦可得而畫也。自有疎通之書，雖《典》、《謨》之未說，今亦可得而說也。自有敦厚之詩，雖《風》、《雅》之未咏，今亦可得而咏也。

至於謹嚴之《春秋》、和序之禮樂，亦皆具於心性之內。則《春秋》今亦可得而筆削，禮樂亦可得而興起也。若□其心性之大，而惟索之陳辭故紙者，此章句之儒，見聞之小耳，又安能得孔、曾、思、孟之所謂「中」，所謂「一」？曠世相感，以續其道統之傳邪？是爲序。

如眞道人題

（三）目　錄〔註 547〕

卷　　目	內　　容
大學統論　一卷	大學統論、大學之道
中庸統論　一卷	中庸統論
論語統論　二卷	（上論）學而篇、爲政篇、八佾篇、里仁篇、公冶長篇、雍也篇、述而篇、泰伯篇、子罕篇、鄉黨篇
	（下論）先進篇、顏淵篇、子路篇、衛靈公篇、季氏篇、陽貨篇、子張篇、堯曰篇
孟子統論　二卷	（上孟）梁惠王篇、公孫醜篇、滕文公篇

〔註 545〕此篇收入《續焚書》「續修四庫全書本」。本書據南京圖書館藏明刻本影印，行格版式：9 行，行 20 字。白口，四周單邊，單黑魚尾，無行格，版心上鐫「李氏續焚書」。
〔註 546〕本篇序文據中研院傅斯年圖書館所藏明王敬宇刊本輸入。
〔註 547〕本目錄據中研院傅斯年圖書館所藏明王敬宇刊本整理輸入。

（下孟）離婁篇、告子篇、盡心篇

（四）目前可見的各種版本

1. 各大圖書館藏古籍善本

《李氏說書》六卷，〔明〕李贄撰。

版本：明王敬宇刊本。

資料格式：4冊。27公分。

行格：9行，20字。版式：白口，四周單邊，單黑魚尾，無直格，版先上鐫「李氏說書」，中鐫篇名。

此書書前無目錄。

序跋：如眞道人序。

卷端題：「李氏說書大學　泉州卓吾李載贄編緝，莆田龍江林兆恩閱著」。

典藏地：中研院傅斯年圖書館。〔註548〕

卷一

《李氏說書》六卷，〔明〕李載贄撰。

版本：明刻本。

行格版式：9行，20字。白口，四周單邊。

〔註548〕此書卷六〈孟子下〉篇有多處墨丁。藏印：「東方文化事業總委員會所藏圖書印」。排架號：0097。光碟代號：OD006A。索書號：097.26 161。

　　典藏地：中國國家圖書館、中國科學院圖書館、山西省文史館、安徽
　　省博物館、湖南省圖書館。

　　資料來源：中國古籍善本書目聯合導航系統。

《說書》十卷，〔明〕李贄撰；〔明〕湯顯祖批點。

　　版本：明刻本。

　　資料格式：5 冊（2～6）。

　　行格版式：9 行，20 字。白口，四周單邊，單魚尾。

　　叢書名：《李氏全書》。

　　典藏地：中國國家圖書館。

《說書》十卷，〔明〕李贄撰。

　　版本：明刻本。

　　行格版式：9 行，20 字。白口，四周單邊。

　　叢書名：《李氏全書四種》二十四卷。

　　與《焚書》四卷、《李氏續焚書》五卷、《李溫陵外紀》五卷合刊。

　　典藏地：上海圖書館、四川省圖書館。

　　資料來源：中國古籍善本書目聯合導航系統、中國叢書。

2. 影印本與排印本

本書無影印本與排印本。

（五）刊刻與版本源流

編輯與刊刻

　　李贄於萬曆 16 年撰《說書》，萬曆 18 年刻《說書》。關於《說書》的刊
刻敘述，在李贄的書中有提到幾條，茲列於下：

1. 發去《焚書》二本，付陳子刻。恐場事畢，有好漢要看我《說書》以
   作聖賢者，未可知也。要無人刻，便是無人要為聖賢，不刻亦罷，不
   要強刻。若《焚書》自是人人同好，速刻之！但須十分對過，不差落
   乃好，慎勿草草！又將《易因》對讀一遍，宜改者即與改正。（見《續
   焚書》〈與汪鼎甫〉）

2. 今既刻《說書》，故再《焚書》亦刻，再《藏書》中一二論亦刻。（見
   《焚書》〈自序〉）

3. 雪松昨過此，已付《焚書》、《說書》二種去，可如法抄校付陳家梓行。

如不願，勿強之。（見《續焚書》〈與方伯雨〉）

4. 《焚書》五冊，《說書》二冊，共七冊，附友山奉覽。乃弟所自覽者，故有批判，亦願兄之同覽之也，是以附去耳。外《坡仙集》四冊，批點《孟子》一冊，並往請教。（見《續焚書》〈與焦弱侯〉）

5. 因搜未刻《焚書》及《說書》，與兄伯倫相研校讎。《焚書》多因緣語、忿激語，不比尋常套語，先生已自發明矣。《說書》先生自敘刻于龍湖者什二，未刻者什八。先以二種付之剞劂，餘俟次第刻之。（見萬曆戊午夏汪本鈳〈續刻李氏書序〉）

《李氏說書》的卷數，據文獻記載各不相同：

1. 明萬曆 18 年，刊於麻城，共四十四篇，已佚。

2. 明萬曆 46 年，新安海陽汪本鈳虹玉齊刻本。（各大圖書館查無此書，可能亡佚）

3. 《清代禁書知見錄》：《李氏說書》，六卷。

4. 《福建通志‧藝文志》：《李氏說書》，九卷。

5. 《泉州府志》：《李氏說書》，九卷。《李氏說書》，八卷

版　本

此書目前可見的有六卷本與十卷本二種；六卷本為單行本，十卷本為叢書本。單行本著錄有「明王敬宇刊本」與「明刊本」二種，十卷本為「李氏全書本」。

禁燬書

《李氏說書》在清代屬於禁書，詳見《清代禁書知見錄》。清代在地方上實際的查禁奏繳，記載有二條：

1. 清乾隆時湖廣總督舒常奏繳二十三種禁書，其中包括《李氏說書》一種，說此書「書內講解多乖謬，應請消燬。」於乾隆 44 年 10 月初 7 奏准。〔註549〕

2. 清乾隆年間湖北巡撫姚成烈奏繳一百六十八種禁書，其中包括《李卓吾明通紀》〔註550〕一部與《李氏說書》一部四本，並說後者「書內講

〔註549〕詳見雷夢辰《清代各省禁書彙考》，北京：書目文獻出版社，1989 年，頁 28 ～29。
〔註550〕此刊本乃陳建輯，全名是《新鍥李卓吾先生增補批點皇明正續合併通紀統宗》。。

解多乖謬，應銷燬。」〔註551〕

辨　偽

今日所見《李氏說書》的內容，大部分是抄自林兆恩《林子三教正宗》的《四書正義》和其他篇，有一部份抄自王守仁的《傳習錄》，另有六篇則抄自李贄的《焚書》。

對於《李氏說書》的眞僞辨，顧人韶在明代早已提出。他提出兩種可能，一是林龍江的書收了李贄《說書》，並竄改作者姓名；另一種可能是李贄與林龍江有書信往來，而造成書籍草稿的相混雜，在刊刻時沒有加以區分。顧大韶在《李氏六書·〈說書〉刪定小記》中寫道：

> 先生語焦太史有云，「近因學士不明題中意義，便寫數語貽之，積久成帙，名曰《說書》，中間亦甚可觀。如得數年未死，將《語》、《孟》逐節詳明，亦快人也。」由此觀之，明乎其爲先生之書也。乃說者謂其出自莆人林龍江之手，何哉？龍江道人也，亦有《說書》，莆多宗之。豈《李氏說書》刻亭州時，好事者欲廣其編帙以博厚貲而爲之增入耶？抑先生嘗與龍江一再來往，偶混其中，刻時非先生之意，以故弗及訂正耶？

〔日〕岡田武彥則認爲，李贄與林兆恩皆爲明代之人，因爲時代久遠，二人的著作誰先誰後很難辨認，所以誰爲原作誰爲抄襲也很難下定論。

> 即使認爲《說書》是僞書，也因爲其中所收之論與《林子全書》有相同之處，所以究竟是林兆恩的《四書正義纂》被收於卓吾所著的《說書》中呢？還是卓吾的「四書論」收於兆恩所著的《林子全書》中呢？沒有證據，無論哪一說都難以肯定。〔註552〕

崔文印指出，今傳本《說書》是坊間改纂林兆恩《四書正義》，而後冒名頂替李贄《說書》的僞書。他認爲今傳本《說書》中有多處留下「林兆恩」之名的破綻。例如，《下論·子路篇·必也正名乎》條：「卓吾子曰……若欲悉道，釋者流而三綱之，是亦兆恩之志也，而亦非兆恩之所能爲也。」

〔註551〕詳見雷夢辰《清代各省禁書彙考》，北京：書目文獻出版社，1989年，頁42～54。

〔註552〕見〔日〕岡田武彥著，吳光等譯，《王陽明與明末儒學》，上海：上海古籍出版社，頁220，2000年。

王敬宇刊本書影

筆者以爲，姑且不論李贄與林兆恩是的著作誰先誰後，單從「王敬宇刊本」的卷端所題：「李氏說書大學　泉州卓吾李載贄編輯，莆田龍江林兆恩閱著」，就可知此書與林兆恩有密切的關係。就如同《史綱評要》的卷端所題：「霞漪閣校訂史綱評要卷一　明溫陵卓吾李贄評纂，新都寧野吳從先參訂，武林仙郎何偉然校閱」，就昭示著《史綱評要》的僞造，必與吳從先有相當程度的關係。

（六）相關研究論文

崔文印	今傳本"李氏說書"眞僞考 中國哲學，第一輯，頁 309～316，生活、讀書、新知三聯書店，1979年 8 月

二、《四書評》

（一）提　要

《四書評》乃是李贄根據四書，加以批評，此書包含《大學》一卷、《中庸》一卷、《論語》十卷、《孟子》七卷。侯外廬對李贄《四書評》的評論是：

> 解經之作《四書評》，一反傳統的態度，不稱做經學家們的注、疏、解、詁、訓、釋之類，而大膽地稱爲「評」，這分明是一種「異端」的提法，顯示了要站在平等地位對經典加以分析批判的意義。他是通過自己的裁量來評量聖賢的經傳，而不是五體投地地對經傳一味

崇奉。〔註553〕

（二）序　文

〈四書評序〉 〔註554〕

千古善讀書者，陶淵明一人而已。何也？以其「好讀書不求甚解」也。夫讀書解可也，即甚解亦無不可者，只不可求耳。蓋道理有正言之不解，反言之而解者；有詳言之不解，略言之而解者。世之龍頭講章之所以可恨者，正為講之詳，講之盡耳。此《四書評》一帙，有正言，亦有反言，有詳言，亦有略言，總「不求甚解」之語，則近之。若讀者或以為未解也，則有世之所謂龍頭講章在。勿謂李卓老解之不詳，講之不盡，令淵明老子笑人也。

卓吾自述

（三）目　錄

四書評序	
《大學》一卷	
《中庸》一卷	
《論語》十卷	子目：〈學而第一〉、〈為政第二〉、〈八佾第三〉、〈里仁第四〉、〈公治長第五〉、〈雍也第六〉、〈述而第七〉、〈泰伯第八〉、〈子罕第九〉、〈鄉黨第十〉、〈先進第十一〉、〈顏淵第十二〉、〈子路第十三〉、〈憲問第十四〉、〈衛靈公第十五〉、〈季氏第十六〉、〈陽貨第十七〉、〈微子第十八〉、〈子張第十九〉、〈堯曰第二十〉。
《孟子》七卷	子目：〈梁惠王章句上〉、〈梁惠王章句下〉、〈公孫醜章句上〉、〈公孫醜章句下〉、〈滕文公章句上〉、〈滕文公章句下〉、〈離婁章句上〉、〈離婁章句下〉、〈萬章章句上〉、〈萬章章句下〉、〈告子章句上〉、〈告子章句下〉、〈盡心章句上〉、〈盡心章句下〉。

（四）目前可見的各種版本

1. 各大圖書館藏古籍善本

《四書評》十九卷，〔明〕李贄撰。

版本：明萬曆刻本。

行格版式：8行，17字。佚名批校，四周單邊，單魚尾。

〔註553〕見侯外廬《中國思想通史》，北京：人民出版社，第4卷，下冊，頁1077。
〔註554〕本篇序文據華東師大學圖書館藏明刻本輸入。

典藏地：華東師範大學圖書館。

資料來源：中國古籍善本書目聯合導航系統。

《四書評》十九卷，〔明〕李贄撰。

版本：影印本。

資料格式：4 冊。

典藏地：烏海市圖書館。

資料來源：《內蒙自治區古線裝古籍聯合目錄》。

《四書評》十九卷，〔明〕李贄撰。

版本：影印本。

出版時間：1975 年。

資料格式：4 冊。宣紙本。

行格版式：8 行，17 字。白口，四周單邊，單魚尾。

書名據序題。

典藏地：中國國家圖書館。

《四書評》十九卷，〔明〕李贄撰。

版本：影印本。

出版時間：1975 年。

資料格式：4 冊。洋紙本。

行格版式：8 行，17 字。白口，四周單邊，單魚尾。

書名據序題。

典藏地：中國國家圖書館。

2. 影印本

《四書評》十九卷，李贄撰。

收入於《續修四庫全書》·經部·四書類·第 161 冊。

上海：上海古籍出版。出版時間：1995 年。

原書版框：高 20.6 公分×寬 27.6 公分。

行格版式：8 行，行 17 字。白口，單黑魚尾。無行格，行間刻圈點，眉上鐫評。

序文一篇：李贄自序。

本書據華東師大學圖書館藏明刻本影印。

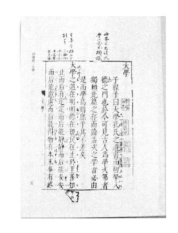

封面　　　　　　　　序　　　　　　　　內文

《四書評》，〔明〕李贄撰。

　　此書無版權頁和出版年代。

　　資料格式：全四冊。線裝本。朱墨套色影印。

　　行格版式：8行，17字。白口，四周單邊，單黑魚尾，眉上與行間鐫
評。

　　序文一篇：李贄自序。

封面　　　　　　　　正文　　　　　　內文紅色批注

《四書評》，〔明〕李贄撰。

　　資料格式：1函4冊。

　　香港：三聯書店。

　　此書據萬曆刊本影印。

3. 排印本

《四書評》，〔明〕李贄著。

上海：上海師範大學圖書館出版。出版時間：1974 年。

資料格式：16 開本。油印本。

《四書評》，〔明〕李贄著。

上海：上海人民出版社。出版時間：1975 年。

資料格式：299 頁。32 開本。

內容：《大學》一卷、《中庸》一卷、《論語》十卷、《孟子》七卷。
本書據萬曆刊本排印。

《四書評》，〔明〕李贄著。

收入於《李贄文集》〔註 555〕・第 5 卷，張建業主編。

北京：社會科學文獻出版社。出版時間：2000 年。

資料格式：192 頁。簡體字；橫排。

前有李贄自序一篇。

《四書評》是由張賀敏依據明萬曆刻本進行標點，並參校 1975 年上
海人民出版社排印本。

〔註 555〕詳見「李贄當代選集」。

封面　　　　　　　　　　　　　內頁

《論語》，〔明〕李贄評點。

收入於《古籍今讀精華系列》‧品書四絕，夏樗主編。

湖北辭書出版社。出版時間：1995 年、1997 年。

資料格式：32 開本。455 頁。

本書收入四本評點，分別是：金聖歎批評《西廂記》、李贄評點《論語》、馮夢龍評點《桂枝兒》和花底閑人批評《夾竹桃》。

《論語》，〔明〕李贄評點。

收入於《崇文齋‧古籍今讀精華系列》。〔註556〕

崇文書局出版。出版時間：2004 年。

資料格式：21 公分。頁 225～321。

本書內容同於湖北辭書出版出版本。

〔註556〕夏樗主編。

封面   內文

（五）版本源流探討

版　本

《四書評》傳世的版本僅有一種一本。此版本爲「明萬曆刻本」，其行格版式爲：8 行，17 字；四周單邊，單魚尾；佚名批校。此書典藏於華東師範大學圖書館。

目前所見的所有《四書評》影印本皆是根據「華東師範大學圖書館」藏本影印。包括「續修四庫全書本」、「香港三聯書店本」、「天津古舊書店影印本」。

《四書評》排印本有三種。包括 1974 年 8 月上海師範大學圖書館油印本、1975 年 1 月上海人民出版社據萬曆刊本排印本、2000 年 5 月北京社會科學文獻出版的《李贄文集》本。「李贄文集本」收入於《李贄文集》第五卷，是由張賀敏依據明萬曆刻本進行標點，並參校 1975 年上海人民出版社排印本。

另還有從《四書評》中單獨抽出《論語》部分來排印的：《論語》，〔明〕李贄評點本。此書有兩種版本，兩者內容相同，分別收入湖北辭書出版社所出版的《古籍今讀精華系列・品書四絕》與崇文書局所出版的《崇文齋・古籍今讀精華系列》。

關於《四書參》

若要校對《四書評》的內容，則不可不提《四書參》一書。《四書參》據書目著錄有兩部，一是張汝英《四書參》，一是張明憲《四書參》，但二者實

爲一書。〔註557〕《美國哈佛大學燕京圖書館中文善本書志》著錄「四書參」時寫道：

> 《四書參》十九卷，明李贄批評，明楊起元等批點，明張明憲等參訂。明張兆隆刻朱墨套印本。六冊。半頁八行十七字，四周單邊，白口，無魚尾，書眉上刻評。框高 20.4 厘米，寬 13.6 厘米。題〝李卓吾批評，楊復所批點，輯諸名家評〞。前有張明憲序、李贄《四書評序》、揚起元《四書眼序》。

此書在內容與卷數與《四書評》相同，書前並有李贄的〈四書評序〉，乃是張明憲參訂李贄《四書評》、楊起元《四書眼》，並旁摭其他諸家之言而成。書眉上所評多冠以「卓吾云」、「復所云」、「侗初云」、「霍林云」、「季侯云」等。張明憲對李贄十分推崇，他在序中說：「李卓吾《四書評》，要言不煩，寓正於反，寓詳於略，如有得機緣，開口點頭，個中了了。」

在鄭培凱〈從《四書評》看李贄思想發展與儒學傳統的關係〉〔註558〕與《美國哈佛大學燕京圖書館中文善本書志》的「四書參」條例中，皆花了不少篇幅介紹《四書評》與《四書參》的關係，並列舉多條利用《四書參》的評點，來校刊《四書評》的文句。

> 《四書評》乃研究李贄思想之重要圖書，然《四書參》與《四書評》卻有不少可以相互補證之處，凡《評》中殘缺漫漶，脫字脫句之處，多可在《參》中補得。如《評》之《論語》卷九第六頁眉批「天何言哉四語，不是分疏自家□言還□□□□□□□□」，脫落八字。按《參》之眉批之後一句應爲「不是分疏自家不言，還是指點子貢行耳」。又如《評》之《孟子》卷二第六頁眉批「聖矣下無孔子謙讓之語，則孟子自任之意可知已」，以《參》之眉批核之，可知《評》批之前脫去六字「仁且智夫子既」。再如《評》之《孟子》卷二第七頁眉批曰「口容服口妙」，《參》本眉批則爲「形容服字妙」，且句末尚有「七十子之服孔子，政謂素王無力耳」十四字。

> 按《參》中有許多不見於《評》之李贄批語，如《評》之《論語·

〔註557〕《日藏漢籍善本書錄》記載，張汝英的《四書參》爲明朱墨套印本，每半葉 8 行，行 17 字，書前有「凡例」十則，并有張明憲序、李卓吾序和楊起元序。據筆者比較，與《美國哈佛大學燕京圖書館中文善本書志》所著錄的張明憲《四書參》爲同一書。

〔註558〕見《抖擻》1978 年 7 月，總第 28 期。

學而》「貧而無諂」章，無眉批，《參》多出「卓吾云，全是悟頭」。
如《孟子‧離婁章句下》「孟子曰，博學而詳說之，將以反說約也」，
《評》無眉批，《參》有「卓吾云，博的是什麼？件件都是我本體做
出，如何不還歸本體」一句。〔註559〕

《四書評》辨偽〔註560〕

關於《四書評》的真偽，早在明代就有人提出，可是相信此書是李贄所作，
與認為此書是偽書者，明清兩朝皆大有人在。曾考證《四書評》真偽的現代學
者包括侯外廬、鄭培凱、崔文印、劉建國、朱宏達、佐野公治、羅永吉等人。

首先提出《四書評》是偽書，且最為人所知悉者，是明代的周亮工（1612
～1672）。周亮工認為《四書評》乃是葉文通所偽作，他在《書影》卷一中寫
道：

> 葉文通名晝，無錫人，多讀書，有才情。留心二氏之學，故為詭異
> 之行。跡其生平，多似何心隱。或自稱錦翁、或自稱葉五葉、或稱
> 葉不夜，最後名梁無知，謂梁谿無人知之也。當溫陵《焚》、《藏》
> 書盛行時，坊間種種借溫陵之名以行者，如《四書第一評》、《第二
> 評》、《水滸傳》、《琵琶》、《拜月》諸評，皆出文通手。

另外，明代盛于斯（1599～1633）也認為《四書評》是偽書，此人年紀
略長於周亮工，他在《休菴影語》中的〈西遊記誤〉中寫道：「又若《四書眼》、
《四書評》，批點《西遊》、《水滸》等書，皆稱李卓吾，其實皆葉文通筆也。」

但是在明代同樣有許多人認定此書是李贄作品，而大量引用其評語，例
如張雲鸞《四書經正錄》、張明憲《四書參》、陳天定《慧眼山房說書》、余應
科《四書千百年眼》、徐奮鵬《古今大全》與《古今道脈》、揚復所《四書眼
評》、釋智旭《論語點睛》、張岱《四書遇》等。

首先，時代比盛于斯、周亮工稍早的張岱（1579～1685），他相信《四書
評》乃是李贄所作，而且受此書影響甚大。據朱宏達考證張岱在《四書遇》
當中「引李贄語十八條」，〔註561〕其中十二條與今本相同或基本相同，另有六

〔註559〕見《美國哈佛大學燕京圖書館中文善本書志》，頁56。
〔註560〕本段主要參見陳孟君〈李卓吾《四書評》與晚明新四書學〉，92學年度，暨
南國際大學中國語文學系碩士論文。陳孟君在論文中主要以考據的方式探究
《四書評》的作者，亦探討《四書評》的評點語言，並討論《四書評》相關
著作如《四書眼評》、《論語點睛》、《四書遇》等。
〔註561〕見朱宏達〈四書遇前言〉，收入《四書遇》，頁10，杭州：浙江古籍出版社，

條則今本《四書評》失載。因爲《四書遇》流傳不廣，因此較少爲人所知。

而且明末以佛釋儒的集大成者，釋智旭（1599～1655）也認爲《四書評》是李贄所作。釋智旭在《論語點睛》中大量引用《四書評》的文字，其言明「李卓吾云」、「卓吾曰」、「卓吾云」、「卓吾批問處云」等，共有九十四處。〔註562〕

對於《四書評》有大量引用的尚有《四書眼》、《四書眼評》二書。《四書眼》十九卷是明代梁知撰，刊刻於明萬曆39年，此書將李贄與楊復所對於《四書》的批評，加以編纂整理。《四書眼評》書中亦多楊復所、李卓吾的評點。葉晝自稱「梁無知」，陳孟君認爲《四書眼》、《四書眼評》二書應是葉晝所編纂。〔註563〕

在探討《四書評》的眞僞方面，崔文印贊同周亮工之說，認爲此書乃是葉晝所僞造。其論點是葉晝曾問學於顧憲成，而《四書評》中有些觀點與顧憲成的《虞山商語》相似，這是因爲「葉晝在作僞時，將他從老師那裡學到的東西，無意之中帶到了書裡。」〔註564〕崔文印另外引盛于斯的說法，認爲所謂的《四書評》即是《四書第一評》，《四書眼》即是《四書第二評》。〔註565〕

但是劉建國則認爲，葉晝在《樗齋漫錄》中重複《四書評》的部分，很可能是因爲葉晝看過《四書評》；而《四書眼》應該是葉晝假託楊復所和李贄之名所作。其論點爲「書影」所記內容有的爲實，有的不實，有的是訛傳。……《四書評》諸書「皆出葉文通手」的看法也是抄自盛于斯之說，亦不可輕信。」〔註566〕

（六）目前相關研究論文

潘甌	猛烈抨擊儒家"聖人、聖學、聖徒"的戰鬥作品——讀李贄的《四書評》光明日報，1975年1月31日，第2版

1985年。
〔註562〕見羅永吉《論語點睛》研究〉，《中華佛學研究》，第1期，頁136，1997年。
〔註563〕見陳孟君《李卓吾〈四書評〉與晚明新四書學》，暨南大學碩士論文。
〔註564〕見崔文印〈李贄《四書評》眞僞辨〉，《文物》，1979年第4期（總第275期），頁32，1979年4月。
〔註565〕見崔文印，〈《四書評》不是李贄著作的考證〉，《哲學研究》，1980年第4期，頁69。
〔註566〕見劉建國〈也談李贄《四書評》的眞僞問題〉，《貴州社會科學》，1983年第3期（總第18期），頁19～25。

51034 部隊等《四書評》研究小組	一部具有重要意義的法家著作——讀李贄的《四書評》 河南大學學報（哲學社會科學版），1975 年第 1 期 《四書評》評注選 河北大學學報（哲學社會科學版），1975 年第 1～2 期
〔日〕佐野公治	晚明四書解における四書評的位置 日本中國學會報，第 29 集，1977 年
鄭培凱	從《四書評》看李贄思想發展與儒學傳統的關係 斗擻，第 28 期，1978 年 7 月
崔文印	李贄《四書評》眞僞辨 文物，1979 年第 4 期（總第 275 期），頁 31～34，1979 年 4 月
崔文印	《四書評》不是李贄著作的考證 哲學研究，1980 年第 4 期，頁 69～71，1980 年
葉朗	《四書評》並未嘲笑孔子（讀書札記） 北京大學學報，1981 年第 2 期，頁 95～96，1981 年 4 月
劉建國	也談李贄《四書評》的眞僞問題 吉林大學哲學系論文，頁 16～？，1982 年 12 月 1 日 貴州社會科學，1983 年第 3 期（總第 18 期），頁 19～25，1983 年
〔日〕左藤鍊太郎	李贄《李溫陵集》與《論語》——左派王學的道學批判 論語の思想史，東京，汲古書院，1994 年
陳孟君	李卓吾《四書評》與晚明新四書學 暨南國際大學，中國語文學系碩士論文，楊玉成教授指導，132 頁，92 學年度，2004 年
盧永和	論李贄《四書評》的文學化批評傾向 肇慶學院學報，第 27 卷第 1 期，頁 1～4，2006 年 2 月
鄧克銘	李卓吾四書評解之特色：以「無物」、「無己」爲中心 文與哲，第 13 期，頁 91～120，2008 年 12 月
楊秀華	李卓吾評點散文《四書評·論語》研究 新生學報，第 3 期，頁 201～234，2008 年 7 月

3-2 史 部

一、《史綱評要》

（一）提 要

《史綱評要》，三十六卷，《四庫全書》未著錄。此書卷端題「明溫陵卓

吾李贄評傳，新都寧野吳從先參訂」，書前有一篇吳從先序。此書內容是從上古到元代的編年史綱要，作者羅列一些歷史事件，並用圈點、夾批、眉批、段評等方式，對歷史事件和有關的歷史人物進行評論。

（二）序　文

〈史綱評要序〉

新安吳從先曰：「予嘗見蘇子瞻嗜讀《漢書》，亦竊讀之，不求甚解，而嗜更酷。自扶風馬續與其妹曹大家所成，及後東觀劉珍、陶、伏無忌等所述，前後二書，大漢畢鑑矣。夫稽古之士，考之無始而不爲古。即太史公十二本紀、三十世家、十表、八書、七十列傳猶爲一家言，矧大漢獨立一史耶？

乃進而求蒼頡、沮誦于始立，遞夏、商之記言、記事之分爲二也，周之大小內外之分爲五也。史載筆、士載言，盡傾之目光，拾爲牙慧。宛乎同天而開，與地爲老，游其中而閱人閱世不知共凡幾也。掌書實錄之不二，《漢書》已窺總史，總史不異全漢。第讀總史而讀《漢書》之念始滿，讀《漢書》而讀總史之念始開也。

然史明得失、別異同，但讀之已耳。盲人之於星日，升沈明晦何有焉。人各一是非，我亦一是非。布衣可以參袞鉞之權，月旦非以擅春秋之柄。遇恨則□，遇嬉則笑，遇快則賞，過奇則驚，遇憤激則按劍相從，過節俠則欲以身代。可以史臣之肺腑通之我，可以我之肝膽照史臣。縱口橫筆，太史公復起不易吾言，而後讀史無遺憾也。此非天下能□、能笑、能賞、能驚、能按劍、能身代之人。必視籍中之帝王，且若執斧鉞臨我。結舌瞪目，閣筆三嘆而已。

庶幾李卓吾乎？卓吾之縱口橫筆，當世之斧鉞有所不避，況已陳之司籍哉！故同是不妨獨非，同非不妨獨是。蓮華作舌，芙蓉爲劍。愛則親、疾則讐也。千秋萬國，昏明之異君而忠佞之異臣，一聽其筆舌以發落，史有旁落之權矣。史旁落則史爲不尊，野史稗官將駕而據其上，又何樂乎有？卓吾乃敢取所評定者以貽史臣辱。

噫！既評矣，又安得不另立議論與史埒？而況未必皆別論也。譬之一豎立，一曰宜長，一曰宜嫡；譬之一攻伐，一曰宜戰，一曰宜守。兩臣之見異，必且爭於當日之朝，紛于當日之野，而史臣之記隨之。

又何妨今日之與史爭乎？

春秋傳曰：「晉趙穿弒靈公。太史董狐曰：『趙盾弒其君。』孔子聞之曰：『董狐古之良史。』」齊崔杼弒莊公。太史書曰：「崔杼弒其君。」崔子殺之。南史聞太史死，執簡以往。楚王與右尹子革語。左史倚相趨而過。王曰：「良史也。能讀三墳、五典、八索、九丘。」

蓋良史立案，非斷則論不定。有良史何可無老吏？卓吾有之。惟其有之，是以似之。大言驚，小言怪，無異也。況觀感隨乎昭鑒，議論總是維持。秦之酷烈，晉魏之胥殘，後五代之禽蒐而艸薙，宋弱之履虎尾而虞咥，可無評乎？漢之黨錮，晉之風流，唐之閨門，可無評乎？若漢、若唐、若宋、若秦、若五代不可挽而後之；為漢、為唐、為宋、為秦、為五代者鑒而思勤，則評嚴于史矣。

至於資學士之末議，拭文人之筆鋒，人自能言，何藉于李？即卓吾取此與學士爭議，與文人爭鋒，亦第二念也。又況予之取卓吾者乎？

或告之曰：卓吾之為書、藏者、焚者皆還世已久，此又燼餘而掘之名山者耶？無徵不信矣。夫以藏書而焦太史猶不敢盡信，況此乎？非不信也，以書之不可信、不敢信也。若其凌轢無狀，信非卓吾不為，非卓吾不能矣。稿得于吳門道學家，予所疑，疑所藏者，必不疑卓吾。因讀《漢書》而以此卒業焉。

萬曆癸丑秋孟書於霞漪閣

（三）目　錄

卷一	三皇五帝紀	盤古氏、天皇氏、地皇氏、人皇氏、有巢氏、燧人氏、伏羲氏、神農氏、黃帝、少昊、顓頊、帝嚳、堯、舜
	夏紀	禹、啓、太康、仲康、相、少康、杼、槐、芒、泄、不降、扃、廑、孔甲、皋、發、履癸桀
	商紀	成湯、太甲、沃丁、太庚、小甲、雍己、太戊、仲丁、外壬、河亶甲、祖乙、祖辛、沃甲、祖丁、南庚、陽甲、盤庚、小辛、小乙、武丁、祖庚、祖甲、廩辛、庚丁、武乙、太丁、帝乙、紂
卷二～三	周紀	文王、武王、成王、康王、昭王、穆王、共王、懿王、孝王、夷王、厲王、宣王、幽王、平王、桓王、莊王、釐王、惠王、襄王、傾王、匡王、定王、簡王、靈王、景王、敬王、元王、貞定王、考王

		威烈王、安王、烈王、顯王、慎靚王、赧王、東周君
卷四	秦紀	莊襄王
	後秦紀	始皇、二世
卷五～九	漢紀	高祖、惠帝、高后
		文帝、景帝
		武帝
		昭帝
		宣帝
		元帝、成帝、哀帝、平帝、孺子嬰、（附王莽）、淮陽王、
卷十～十二	東漢紀	光武帝、明帝、章帝
		和帝、殤帝、安帝、順帝、冲帝、質帝、桓帝
		靈帝、獻帝
卷十三	後漢紀	昭烈帝、後主
卷十四～十五	晉紀	武帝、惠帝、懷帝、愍帝
		元帝、明帝、成帝、康帝、穆帝、哀帝、帝弈、簡文帝、孝武帝、安帝、恭帝
卷十六	宋紀	武帝、營陽王、文帝、孝武帝、明帝、蒼梧王、順帝
	齊紀（附北朝魏）	高帝、武帝、明帝、東昏侯、和帝
	梁紀（附北朝東魏）	武帝、簡文帝、孝帝、敬帝
	陳紀（附北朝周齊）	武帝、文帝、臨海王、高宗、長城公
	隋紀	文帝、煬帝、恭帝
卷十七～二十五	唐紀	高祖
		太宗
		高宗、中宗、（附武則天）、睿帝
		玄宗
		肅宗
		代宗

		德宗、順宗
		憲宗、穆宗、敬宗
		文宗、武宗、宣宗、懿宗、僖宗、昭宗、昭宣帝
卷二十六 （五代：梁 唐晉漢周）	後梁紀（附契丹）	太祖、末帝
	後唐紀	莊宗、明帝、廢帝
	後晉紀	高祖、齊王
	後漢紀	高祖、隱帝
	後周紀	太祖、世宗、恭帝
卷二十七～ 三十二	宋紀（附遼紀）	太祖
		太宗、眞宗
		仁宗、英宗
		神宗
		哲宗
		徽宗、欽宗
卷三十三～ 三十五	南宋紀（附金紀）	高宗
		孝宗、光宗、寧宗、（附元太祖）
		理宗、度宗、恭帝、（附元端宗）、帝昺
卷三十六	元紀	世祖、成宗、武宗、仁宗、英宗、秦定帝、明宗、文宗、順帝

（四）目前可見的各種版本

1. 各大圖書館藏古籍善本

《霞漪閣校訂史綱評要》三十六卷，〔明〕李贄撰。

　　版本：明萬曆 41 年（1613）吳從先霞漪閣刻本。

　　行格版式：9 行，18 字。白口，單黑魚尾，左右雙邊。

　　序文：〔明〕吳從先序。

　　正文卷端題：「明溫陵卓吾李贄評纂，新都寧野吳從先參訂，武林仙郎何偉然校閱」。

　　典藏地：中國歷史博物館、上海圖書館〔註 567〕、上海博物館、天一

〔註 567〕〔清〕袁自超題識。

閣文物保管所、安徽省圖書館、福建省泉州市文管會、湖南省哲學社
會科學研究所、美國國會圖書館。〔註568〕

資料來源：中國古籍善本書目聯合導航系統、美國國會圖書館藏中國
善本書目、李國庭〈李贄生平及其著作譚要〉。

《史綱評要》三十六卷，〔明〕李贄撰。

版本：明萬曆43年茂勤堂翻刻本。

此書又名「李卓吾評點綱鑒評要」。

典藏地：上海博物館。

資料來源：李國庭〈李贄生平及其著作譚要〉。

2. 影印本

目前《史綱評要》無影印本。

3. 排印本

《史綱評要》，〔明〕李贄撰；〔明〕吳從先參訂；〔明〕何偉然校閱。

北京：中華書局出版。32開本。出版時間：1973年、1974年。4,7,3,1057
頁。

資料格式：全三冊。繁體字，直排。

書前有〈出版說明〉、〔明〕吳從先序。

卷端題名：「霞漪閣校訂史綱評要卷一　明溫陵卓吾李贄評纂，新都
寧野吳從先參訂，武林仙郎何偉然校閱」。

本書以福建泉州市文物局所藏「明萬曆癸丑本」爲底本，參校上海圖
書館所藏另一「癸丑本」及「甲寅本」。

封面有兩種款式　　　　　　　　　　　　　　　内頁

〔註568〕資料格式：36冊4函；附作者小傳。

《史綱評要》，〔明〕李贄撰。

　　北京：中華書局出版。出版間：1974 年。

　　資料格式：全 10 冊。16 開本。2065 頁。大字本。繁體字，直排。

　　　　　　封面　　　　　　　　　　全書共兩函十冊

《史綱評要》，〔明〕李贄撰。

　　臺北：大通書局出版。出版時間：1975 年。

　　資料格式：1057 頁。繁體字，直排。

　　此書版本與中華書局本相同。

　　　　　　封面　　　　　　　　　　　　內文

《史綱評要》，〔明〕李贄撰。

　　收入於《卓吾二書》之中。

　　臺北：河洛圖書出版社出版。出版時間：1976 年。

　　資料格式：526 頁。繁體字，直排。

　　此書版本與北京中華書局編排相同，是翻印於中華書局本。

封面　　　　　　　　　　　　　　內文

《史綱評要》，〔明〕馬李贄撰。

收入《回族典藏全書》〔註569〕‧第81～83冊。

蘭州：甘肅文化出版社、寧夏人民出版社。出版時間：2008年。

資料格式：3冊。30公分。精裝本。

此書版本與北京中華書局相同，是翻印於中華書局本。

書背　　　　封面　　　　書名頁　　　　內文

《史綱評要》，〔明〕李贄撰。

收入於《李贄文集》〔註570〕‧第6卷。

北京：社會科學文獻出版社出版。出版時間：2000年。

資料格式：簡體字本，橫排。

序文：前有萬曆癸丑年吳從先序。

此書是劉幼生以1975年中華書局排印本為底本，參校其他不同的明

刻本整理而成。

| 封套 | 封面 | 內文 |

《史綱評要》，〔明〕李贄撰；〔明〕吳從先參訂；〔明〕何偉然校閱。

臺北： 里仁出版。出版時間：1983 年。

資料格式：1053 頁。 22 公分。

此書據霞漪閣本校訂。

（五）版本源流探討

《史綱評要》的真偽

關於《史綱評要》的真偽，學者們歷來有些爭議，因爲此書最早的刻本（明萬曆 41 年吳從先霞漪閣刻本）書前並無李贄的序文，並且在李贄的所有書信中都沒有提及過《史綱評要》這部書。另外此書與《史綱要領》的關係爲何？還有此書與吳從先的關係到底爲何？都需要考證。

吳從先《史綱評要》序云：

> 或告之曰，卓吾之爲書，藏者焚者皆還世已久，此又燼餘而掘之名山者耶？無微不信矣！夫以藏書，而焦太史猶不敢盡信，況此乎？非不信也，以書之不可信，不敢信也。若其凌口無狀，信非卓吾不爲，非卓吾不能矣。稿得於吳門道學家，予所疑疑所藏者，必不疑卓吾。

根據吳從先的序，王重民認爲，從序中可看出吳從先 亦未嘗眞能自信《史綱評要》爲眞，檢閱此書內容，可能爲後人讀《 藏書》，摘其所藏，而按年繫之，改編爲此本，故謂此書爲眞也可，謂爲僞也亦可。〔註571〕

〔註571〕 參見《美國國會圖書館藏中國善本書目》，「霞漪閣校訂史綱評要 三十六卷」條目，頁 133～134。

另外有學者認爲《史綱評要》可能是吳從先根據《史綱要領》所僞造。《史綱要領》乃是明代姚舜牧〔註572〕編纂，刊於明萬曆38年；而《史綱評要》最早的版本是明萬曆41年吳從先的霞漪閣刻本。所以《史綱要領》比《史綱評要》早3年刊行，而李贄於萬曆30年去世，故不可能是李贄所僞造，定爲他人所僞造，最可能的僞造人選即是刊刻者吳從先。

《史綱要領》與《史綱評要》在序文、正文、注文有部分相同，甚至評語也有相同處，某些《史綱評要》的評語根本是針對《史綱要領》的觀點而寫。因此，《史綱評要》在稿本的流傳或成書的過程中，是否有竄入《史綱要領》，需要仔細加以探討。

崔文印在〈談《史綱評要》的眞僞問題〉〔註573〕一文中，列舉出《史綱評要》乃是僞造的論點：

1. 《史綱評要》的史文、注文和分卷，皆相同於姚舜牧的《史綱要領》。《史綱要領》乃是姚舜牧刪訂《史綱》而成，於萬曆38年刊刻梓行，然其時李贄已去逝八年之久，故不可能是李贄本人抄襲《史綱要領》一書。

2. 《史綱評要》的提行錯誤。《史綱要領》的史文，每年與每年之間並不提行，只用一圈相隔；《史綱評要》在翻刻時，則把紀年單列一行。這一改動，就出現一些明顯的提行錯誤。

3. 《史綱評要》對《史綱要領》評語的進行竄改。例如：（1）第24卷，評李光進家和睦。《史綱要領》評語：「是所謂眞兄弟姒娌矣。」《史綱評要》評語：「兄弟姒娌難得。」（2）第35卷，評宋理宗親政。《史綱要領》評語：「此宋室當時所稱一大快者。」《史綱評要》評語：「在宋家亦是一件快心事。」

4. 有些《史綱評要》評語是對《史綱要領》的呼應。例如，第27卷的評語，《史綱要領》評：「惜其人姓名不載於史籍耳。」《史綱評要》評：「有惜其姓名不傳者，予謂不傳姓名更妙！」

5. 《史綱評要》的觀點與《藏書》相矛盾。例如，在《藏書》中，李贄

〔註572〕姚舜牧，字虞佐，號承庵，嘉靖22年（1543）生。萬曆元年考中舉人，歷任廣東新興、廣西全州、江西廣昌等地知縣，萬曆36年告老還鄉。萬曆37年，姚舜牧刪訂當時流行且內容龐雜的《史綱》，定名爲《史綱要領》，於次年刊行。
〔註573〕見《文物》，1977年第8期（總第255號），頁29～34，1977年8月。

稱漢武帝是「英雄繼創」、「英名之主」、「千古大聖」，〔註574〕並說「吾謂漢武帝眞不世之雄者，非過也。」；〔註575〕但《史綱評要》卻說漢武帝是「歪皇帝」，〔註576〕還說他「君不君。〔註577〕

王利器在〈《史綱評要》是吳從先假李卓吾之名以行〉一文中，明白指出《史綱評要》乃是吳從先僞作，其論點如下：〔註578〕

1. 吳從先在〈史綱評要序〉中寫道：「因讀《漢書》而以此卒業焉。」卒業者，卒李贄爲竟之業，其意思是《史綱評要》一書，與《藏書》固一脈相成，《藏書》而焦竑猶不盡信，但今日焦竑爲《史綱評要》寫序而傳之，並非因爲相信《史綱評要》爲李贄所撰，而是相信此書能卒李贄之業。

2. 王利器並舉吳從先所寫的兩封信爲證。吳氏在〈致張賓王老師書〉寫道：「世今如此，筆墨似可捐棄，然捨筆墨，別無可親，勉坐小窗，青氈生活，若《史綱》，若《諸紀》，若《敝貂》，若《文選》，皆無聊而托焉者也，吾師一一裁之。」在〈再寄賓王師書〉寫道：「客歲負笈無從，勉就筆墨，摭拾《清紀》，一洗塵心，參正史書，爲卓翁卒業，……翻藏翻史，千秋之思，深於一日，雖爲他人作嫁衣裳，而士生斯世，不有撰述，何申雅懷？」這兩封信，前者明言「若《史綱》，……皆無聊而托焉者也」，後者更說「參正史書，爲卓翁卒業」，乃自言《史綱評要》是假託李贄之名以行。

陳泗東的看法卻與上述學者不同，他認爲《史綱評要》基本上是李贄所評纂。陳泗東從《史綱評要》的版本源流，和書中帶有閩南方言的語言特色（如「討死！」、「着、着、妙！」、「着了，暢不暢？！」等），進行考證。陳泗東認爲，《史綱評要》應是李贄早期的作品；若此書是僞造，也必定爲明朝的閩南人所僞造，而不是安徽的吳從先。〔註579〕

〔註574〕見《藏書》‧卷1‧〈世紀總論〉。
〔註575〕見《藏書》‧卷37‧〈司馬相如傳〉。
〔註576〕見《史綱評要》‧卷6。
〔註577〕見《史綱評要》‧卷7。
〔註578〕詳見王利器〈《史綱評要》是吳從先假李卓吾之名以行〉，《社會科學戰綫》，1982年第3期（總第19期），頁343～344，1982年7月。
〔註579〕詳見陳泗東，〈《史綱評要》基本上是李贄所評纂〉，《泉州文史》，1981年第5期。

（六）目前相關研究論文

傅家麟	從《史綱評要》看李贄的尊法反儒思想 福建日報，第 2 版，1974 年 7 月 27 日
翁光宇	一篇頌法揚秦的歷史述評——讀李贄《史綱評要・後秦記》 廣東師院學報（哲學社會科學版），1974 年第 2 期，頁 88～90，1974 年 9 月
力，始	尊法反儒的珍本《史綱評要》 圖書通訊（廈門），1974 年第 3 期
王榮剛	從《史綱評要》看李贄的尊法反儒思想 學習與批判，頁 18，1974 年第 8 期
福建泉州市文物管理委員會，廈門大學歷史系	介紹李贄的一部重要著作——明刻本《史綱評要》 文物，1974 年第 9 期（總第 220 號），頁 20～23，1974 年 9 月 李贄思想評介・資料選集，福州，福建省晉江地區文物管理委員會，頁 74～79，1975 年 5 月
戚山軒	李贄的《史綱評要》是頌法反儒的戰鬥檄文 李贄思想評介・資料選集，福州，福建省晉江地區文物管理委員會，頁 71～73，1975 年 5 月
福建師範人學圖書館	關於吳從先、何偉然的一些資料 李贄思想評介・資料選集，福州，福建省晉江地區文物管理委員會，頁 83～84，1975 年 5 月
崔文印	談《史綱評要》的眞僞問題 文物，1977 年第 8 期（總第 255 號），頁 29～34，1977 年 8 月
陳泗東	《史綱評要》基本上是李贄所評纂 泉州文史，1981 年第 5 期，頁 23，1981 年
王利器	《史綱評要》是吳從先假李卓吾之名以行 社會科學戰綫，1982 年第 3 期（總第 19 期），頁 343～344，1982 年 7 月
林曉平	《史綱評要》的「批」與「評」 史學史研究，1998 年第 4 期，頁 61～62，1998 年

二、《李卓吾古文法眼》四卷

（一）提　要

　　《李卓吾古文法眼》四卷，〔明〕李贄評定、雲間學者陳繼儒刪定。此書

無前人提要。清乾隆時《泉州府志》〈藝文志〉有存目。此書疑爲僞書。

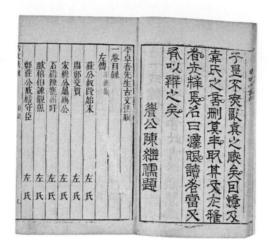

署名爲李贄所撰的《李卓吾古文法眼》〔註580〕

3-3 子 部

一、《柞林紀譚》

（一）提 要

《柞林紀譚》爲語錄類書，內容爲李贄與弟子、時人的問答，內容疑爲作僞。此書收入於《三先生逸書》與《李溫陵外紀》。

（二）序 文

〈書柞林紀譚〉

潘曾紘

雙髻峰雪頭陀，以三盲偈爲云栖所印可。余嘗以卓老叩之，曰：「此禪門之縱橫家，似之者拙，學之者死。」會家弟慧曉自武林歸，手《柞林紀譚》一篇示余。其所持論，雖散見卓吾諸書，而一時嬉笑怒罵，壁立萬仞之機鋒，如寫生照，更覺可喜。頭陀彈指贊嘆：「不

〔註580〕卓克藝術拍賣網站說此書爲「明刊本」。
　　　資料來源：http://www.zhuokearts.com/artist/art_display.asp?keyno=278299（檢索日期 2009 年 3 月 20 日）

當飢十日而享太牢也。」

嗟嗟！法道之衰相現矣。睡庵先生云：「衲子禿似吾儕，舌似卓老，兩似而兩不似。顧影無傳，安得不以青蠅為吊客邪！」小修眼空甚，而拾其牙慧，隱其姓名，蓋恐小根狹器，以耳食而不以气聽，不足與庄語耳。則小修之嬉笑怒罵，毋乃更甚于卓老乎！

初夏九日禪月樓漫題

（三）目　錄

《柞林紀譚》書前無目錄。

（四）目前可見的各種版本

1. 各大圖書館藏古籍善本原刻本

《柞林紀譚》一卷，〔明〕李贄撰。

　　版本：明萬曆清響齋刻本。

　　叢書名：《三先生逸書》四卷。

　　行格版式：8 行，19 字。白口，四周單邊。

　　典藏地：中國國家圖書館。

　　資料來源：中國古籍善本書目聯合導航系統。

《柞林紀譚》一卷，〔明〕李贄撰。

　　版本：明萬曆清響齋刻本。

　　叢書名：《三先生逸書》五卷。

　　行格版式：8 行，19 字。白口，四周單邊。

　　典藏地：中國國家圖書館。

　　資料來源：中國古籍善本書目聯合導航系統。

《柞林紀譚》，〔明〕李贄撰。

　　版本：明刊本。

　　收入《李溫陵外紀》。〔註 581〕

　　正文卷端題：「李溫陵外紀卷之一　吳興潘曾紘昭度甫輯」。

　　序：〔明〕張師繹序、〔明〕韓敬小引、〔明〕潘曾紘序。

　　行格版式：9 行，行 18 字。單欄，版心白口，單黑魚尾，上方記書

〔註 581〕《李溫陵外紀》，〔明〕潘曾紘編。此書有兩種版本，「四卷本」收入卷一；「五卷本」收入卷二。

名。

典藏地：國家圖書館。〔註 582〕

資料來源：中國古籍書目資料庫。

2. 影印本

《柞林紀譚》，〔明〕李贄撰。

　　收入《明季史料集珍》‧第 2 輯，《李溫陵外紀》。

　　臺北：偉文圖書。出版時間：1977 年。

　　行格版式爲：9 行，行 18 字。單欄，版心白口，單黑魚尾，上方記書名。

　　卷端題：「柞林紀譚　公安袁小脩中道編」。

　　據國家圖書館藏明刊本影印

<hr />

〔註 582〕藏印：「吳興劉氏／嘉業堂／藏書印」朱文方印、「國立中／央圖書／館考藏」朱文方印。

明季史料集珍本封面　　　〈柞林紀譚〉正文　　　序：〈書柞林紀譚〉

《柞林紀譚》，〔明〕李贄撰。

　　《四庫禁燬書叢刊》・補編・第 25 冊，《李溫陵外紀》。

　　行格版式爲：9 行，20 字，無直格。白口，四周單邊，單魚尾，版心
上鐫書名。

　　此書據首都圖書館藏明末刻本影印。

封面

3. 排印本

《柞林紀譚》，〔明〕李贄撰。

　　收入於《李贄文集》・第 7 卷，頁 323～342。

　　北京：社會科學文獻。出版時間：2000 年。

　　資料格式：簡體字，橫排。

　　序文：〔明〕潘曾紘序。

本叢書中《柞林紀譚》是由張建業，以明海虞顧大韶刊本《李溫陵集》爲底本，參照其他刻本標點整理。

封面1　　　　　　　　封面2　　　　　　　　內文

（五）版本源流探討

古籍版本

《柞林紀譚》目前無單行本，只有叢書本與合刻本。叢書本收入於《三先生逸書》，有「四卷本」與「五卷本」兩種，兩種皆爲明萬曆清響齋刻本，行格版式皆爲：8行，19字。白口，四周單邊。合刻本《柞林紀譚》收入《李溫陵外紀》「四卷本」中。（按：《李溫陵外紀》有兩種版本，分別爲「四卷本」與「五卷本」。「四卷本」的《柞林紀譚》收入卷一；「五卷本」的《李溫陵外紀》收入卷二。又「五卷本」的《李溫陵外紀》爲叢書本，收入《李氏叢書》當中。）

影印本

《柞林紀譚》的影印本目前有收入於《李溫陵外紀》中的版本兩種。一種是臺北偉文圖書據國家圖書館藏明刊本影印出版的「明季史料集珍本」，行格版式爲：9行，行18字。單欄，版心白口，單黑魚尾，上方記書名。卷端題：「柞林紀譚　公安袁小脩中道編」。另一種爲「四庫禁燬書叢刊本」，此版本據首都圖書館藏明末刻本影印。行格版式爲：9行，20字，無直格。白口，四周單邊，單魚尾，版心上鐫「李溫陵外紀」。

排印本

《柞林紀譚》的排印本目前有一種，收入於《李贄文集》第7卷，此排

印本是由張建業以明海虞顧大韶刊本《李溫陵集》爲底本，參照其他刻本標點整理。（按：《李贄文集》的底本來源是據其書前言所載，但具筆者複查，《李溫陵集》並無收入《柞林紀譚》。可能其中有所錯誤。）

辨僞

朱謙之根據明代肖士瑋《春浮園別錄》的記載，認爲《柞林紀譚》是僞書。《春浮園別錄》寫道：「近日僞書流傳，如《龍湖閒話》、《柞林紀譚》諸刻，眞可很也！」

崔文印也認爲《柞林紀譚》疑爲僞書。他根據袁中道在關於此書的兩段記錄中時間與地點上皆相矛盾，因此下此結論。引言如下：

1. 柞林叟不知何許人，遍游天下，至于郢中，常提一籃，醉游市上，語多顚狂。庚寅春，止于村落野廟，伯修時以予告寓家，入村共訪之，扣之大奇人。（見袁中道〈柞林紀譚序〉）

2. 昨夜偶夢與李龍湖共話一堂，是日，有人持伯修、中郎與予共龍湖論學書一冊，名爲《柞林紀譚》，乃予兄弟三人壬辰歲往晤龍湖，予潦草記之，已散佚不復存，不知是何人收得，率而流布。
（見袁中道《游居柿錄》卷十）

崔文印認爲，上列兩段文字中，一說庚寅，一說壬辰；一說于郢中，一說于龍湖；一說「柞林叟不知何許人」，一說爲李贄。大相徑庭，因此疑是僞作。

二、《龍湖閒話》

（一）提　要

此書無前人提要。徐乾學《傳是樓書目》子部，有著錄；《福建通志》〈藝文志〉，有存目。又黃虞稷《千頃堂書目》卷一，著錄《龍湖閑語》一卷。

關於《龍湖閒話》的眞僞，學者們有不同的意見，明代的蕭士瑋認爲《龍湖閒話》乃是僞書，他在《春浮園別錄》中寫道：「近日僞書流傳，如《龍湖閒話》、《柞林紀譚》諸刻，眞可恨也！」朱謙之也認爲《龍湖閒話》是僞書。林海權則認爲《龍湖閒話》應是李贄在萬曆 18 年所寫。

（二）目前可見的版本

本書現僅存一部抄本，資料如下：

《龍湖閒話》一卷，〔明〕李贄撰。

版本：清敬修堂鈔本。

叢書名：《敬修堂叢書》。

典藏地：北京師範大學圖書館。

資料來源：中國叢書。

三、《古德機緣》

（一）提　要

《千頃堂書目》著錄此書於子部釋家類。《古德機緣》有三卷本與六卷本兩種。六卷本為〔明〕卓發支校閱，卷首有李贄〈祖師得法因緣序〉。本書收入於《快書六種》、《大雅堂訂正枕中十書》、《李卓吾先生秘書八種》。內容敘述佛家故事，如韜光禪師、寒山子、石屋禪師、水菴和尚等。

四、《大雅堂藏書八種》／《李卓吾先生秘書八種》

（一）提　要

《大雅堂藏書八種》，又名《李卓吾先生祕書八種》，此書疑為偽書。《大雅堂藏書八種》共收八部小說，內容與《大雅堂枕中十書》所收相同，僅少了〈精騎錄〉、〈簹窗筆記〉二卷。

（二）目　錄

〈賢奕選〉二卷

〈文字禪〉一卷

〈異史〉一卷

〈博識〉一卷

〈尊重口〉一卷

〈養生醍醐〉一卷

〈理譚〉一卷

〈騷壇千金訣〉一卷

（三）目前可見的版本

此書目前僅有一種刻本，資料如下：

《大雅堂藏書八種》九卷，題〔明〕李贄撰，〔清〕余聞輯。

版本：清康熙 12 年（1673）余聞刻本。

行格版式：8 行，18 字。白口，四周單邊。

序跋者：〔清〕余閒序。

典藏地：中國國家圖書館、上海圖書館、杭州大學圖書館。

資料來源：中國古籍善本書目聯合導航系統、中國叢書。

（四）刊刻與版本源流

此書名為《大雅堂藏書八種》，最初應為「大雅堂」的藏書，而《大雅堂訂正枕中十書》為大雅堂訂正後的刊本。又此書內容與《枕中十書》重複，只是《枕中十書》多了〈精騎錄〉、〈箕窗筆記〉二卷。故此二書與「大雅堂」可能有收藏或刊刻上的相承關係。

《枕中十書》被學者認為是偽書，〔註583〕此書亦可能是偽托。

五、《枕中十書》／《大雅堂訂正枕中十書》

（一）作品提要

《枕中十書》又名《大雅堂訂正枕中十書》，共十卷，題為李贄撰，袁宏道校。此書疑為偽書。

（二）序　文

1.〈枕中十書序〉

人有言曰：「胸中無萬卷書，不得雌黃人物。」然書至萬卷，不幾三十乘乎？除張司空外，更幾人哉？吾于漢劉向、唐王僕射、宋王介甫、蘇子瞻見之。然自子瞻迄今，又三百餘歲矣，吾于楊升庵、李卓吾見之。或說卓禿翁，孟子之後一人，予疑其太過。又或說為蘇子瞻後身，以卓吾生平歷履大約與坡老暗符，而卓吾為尤慘。

予昔令吳時，與卓吾遊黃鵠磯，語次及著述書，李卓吾便點首曰：「卓老子一生都肯讓人，惟著書則吾實實地有二十分膽量，二十分見識，二十分才力，若信得過否？」予唯唯，遂詰之曰：「爾數部中，誰是最得意者？」卓吾曰：「皆得意也，皆不可忽也。《藏書》，予一生精神所寄也。《焚書》，予一生事跡所寄也。《說書》，予一生學問所寄也。別有十種，約六百餘紙，于中或集諸書，或附己意，此予一生

〔註583〕詳見「枕中十書」，頁 375。

神通遊戲三昧所寄也，尚未終冊，完當請門下校之。」

自是分袂，伊南我北，卯酉相望，不數年，卓吾竟以禍殞，惜哉！己酉，予主陝西試事畢，復謝聖天子恩命，夜宿三教寺，偶于古寺高閣敝篋中獲其稿，讀之不覺大叫驚起，招提老僧，執光相顧。予遽詢曰：「是稿何處得來，束之高閣？」老僧曰：「鄉者溫陵卓吾被逮時寄我物也，囑以秘之枕中，毋令人見。今人已亡，書亦安用？」予曰：「嘻，奇哉！不意今日復睹卓吾也。卓吾其不死矣！」惜書前後厄於鼠牙，予以曩受卓吾之視，故予燕居時續而全之，付冰雪閱而訂之，藏之名山，俟有緣者梓而壽之。

公安石公袁宏道撰

2.〈明釋如德鐫刻序〉〔註584〕

予不佞而佞佛，佞佛則禪人也，乃閱訂世諦書，或謂與波羅提木叉相矛盾，噫嘻！過哉言矣！萬法唯心，心外無法。悟之者法法皆真，迷之者法法障礙。獨不聞治世語言、資生業等皆順正法，而枕中書非正法耶？卓吾非說正法人耶？卓吾棄衣冠、薙顱、誅茆于楚之龍湖，終日杜門修淨業，究竟一大事因緣。復悲夫世之戚戚于寵辱者，而藥之也。著《藏書》、《焚書》、《說書》，併十書如許，定千古是非，皆發人所未發，竟以不合時宜坐譴。書偈見志，慷慨就死，卓吾其洪覺範者流否？

吾聞卓吾被收，以書囑三教寺老僧曰，善為秘枕中，三年後必有識吾書者在。今未三年，而卓吾書復大行四方，求者亦如飴，是書竟為中郎袁先生得，吁！二公信有緣哉！予亦與二公有夙緣，得是書閱訂，敢辭孤陋，又何憚夫喙長者云云。

冰雪道人如德。

（三）目　錄

〔註584〕本篇序文據明大雅堂訂正本輸入。

〈文字禪〉一卷

〈異史〉一卷

〈博識〉一卷

〈尊重口〉一卷

〈養生醍醐〉一卷

〈理譚〉一卷

〈騷壇千金訣〉一卷

（四）目前可見的各種版本

1. 各大圖書館藏古籍善本

《大雅堂訂正枕中十書》十卷，〔明〕李贄輯；〔明〕袁宏道校。

　　版本：明萬曆刻本。

　　資料格式：16 冊 2 函。

　　行格版式：8 行，行 18 字。白口，四周單邊。

　　資料來源：《清華大學圖書館藏善本書目》。

《大雅堂訂正枕中十書》十卷，〔明〕李贄輯；〔明〕袁宏道校。

　　版本：明刻本。

　　資料格式：10 冊。

　　版匡高廣：24.8 公分×15.6 公分。

　　序：袁宏道。

　　典藏地：首爾大學奎章閣韓國學研究院。〔註585〕

　　資料來源：中文古籍書目資料庫。

《大雅堂訂正枕中十書》十卷，〔明〕李贄編。

　　版本：明大雅堂刊本

　　資料格式：6 冊。

　　典藏地：故宮博物院圖書館。

　　資料來源：中文古籍書目資料庫。

《大雅堂訂正枕中十書》十卷，〔明〕李贄撰。

　　版本：明大雅堂刊本。

　　版匡高廣：20.3 公分×13.2 公分。

〔註585〕藏印：「帝室圖書之章」。

資料格式：16 冊。

行格版式：8 行，行 18 字。注文小字雙行，字數同。單欄，版心白口。

序：「枕中十書序　公安石公袁宏道撰」、「鐫枕中十書序　冰雪道人如德」。

典藏地：國家圖書館。〔註 586〕

資料來源：中文古籍書目資料庫。

國家圖書館藏明大雅堂刊本

《大雅堂訂正枕中十書》十卷，〔明〕李贄撰，〔明〕袁宏道校，釋如德閱。

版本：明博極堂刊本。

資料格式：10 冊。

封面題：「袁石公校鐫李卓吾先生枕中十書」。

典藏地：北京圖書館。

資料來源：中國叢書、《李贄年譜考略》。

《大雅堂訂正枕中十書》十卷，〔明〕李贄輯，〔明〕袁宏道校，釋如德閱。

版本：明刻本。

資料格式：12 冊 2 函。

〔註 586〕藏印：「國立中央圖／書館收藏」朱文長方印、「身在／書生／壯士間」白文方印。裝訂：金鑲玉線裝。有微卷。索書號：308 07621。

行格：8 行，18 字。

序文：袁宏道（序）【殘】；釋如德（序）。

卷端題：「溫陵卓吾李贄緝，公安中郎袁宏道校，仙亭冰雪釋如德閱。」

典藏地：美國國會圖書館。〔註 587〕

資料來源：中文古籍書目資料庫。

《枕中十書》十卷，〔明〕李贄撰。

版本：明萬曆間（1573～1620）刊鈔補本。

資料格式：10 冊。

版匡高廣：21 公分×13.7 公分。

序：〔明〕袁宏道序「枕中十書序　公安石公袁宏道撰」。

正文卷端題：「大雅堂訂正精騎錄　溫陵卓吾李贄緝　公安中郎袁宏道校　仙亭冰雪釋如德閱」。

行格版式：8 行，行 18 字。注文小字雙行，字數同。單欄，版心白口。

典藏地：國家圖書館。〔註 588〕

資料來源：中文古籍書目資料庫。

《枕中十書》十卷，〔明〕李贄撰。

版本：明大雅堂刊本。

資料格式：16 冊。

版匡高廣：20.3 公分×13.2 公分。

序跋者：「枕中十書序　公安石公袁宏道撰」。

行格版式：8 行，行 18 字。注文小字雙行，字數同，單欄，版心白口。

典藏地：國家圖書館。〔註 589〕

資料來源：中文古籍書目資料庫。

《大雅堂訂正枕中十書》十卷，〔明〕李贄輯；〔明〕袁宏道校。

版本：明刻本。

資料格式：13 冊 1 函。

〔註 587〕附作者小傳。

〔註 588〕朱墨筆點讀。藏印：「國立中央圖／書館收藏」朱文長方印、「王氏二十八宿研／齋祕笈之印」朱文長方印、「恭／綽」朱文方印、「退庵／經眼」白文方印、「玉父」白文長方印。有微捲。

〔註 589〕藏印：「國立中央圖／書館收藏」朱文長方印、「九峰舊廬珍／藏書畫之記」朱文長方印、「朱遂／翔所見／善本」朱文方印。索書號：308 07620。

典藏地：中科院國家科學圖書館總館。

資料來源：中國科學院國家科學圖書館古籍檢索系統。

《大雅堂訂正枕中十書》十卷，〔明〕李贄輯；〔明〕袁宏道校。

版本：明刻積秀堂印本。

資料格式：9 冊 1 函。

典藏地：中科院國家科學圖書館總館。

資料來源：中國科學院國家科學圖書館古籍檢索系統。

《大雅堂訂正精騎錄》一卷，〔明〕李贄輯；〔明〕袁宏道校。

版本：明刊本

資料格式：1 冊。25 公分。

原題：「大雅堂訂正精騎錄‧甲集」。

典藏地：中研院傅斯年圖書館。〔註 590〕

資料來源：中文古籍書目資料庫。

2. 影印本

《大雅堂訂正枕中十書》十卷，〔明〕李贄輯。

收入《四庫禁燬書叢刊》‧補編 35，頁 119～444。

北京：北京出版社。出版日期：2005 年。

行格版式：8 行，18 字，小字雙行，字數同。白口，無魚尾，四周單邊。

卷端題名：「大雅堂訂正精騎錄　甲集，溫陵卓吾李贄緝，公安中郎袁宏道校，仙亭冰雪釋如德閱」。

封面　　　　　　　　書名頁　　　　　　　　卷一

〔註 590〕有光碟。

（五）刊刻與版本源流

版　本

在古籍善本方面，《大雅堂訂正枕中十書》，有的版本作《枕中十書》，十卷。書目著錄有：明大雅堂刊本、明博極堂刊本、明萬曆間刊鈔補本、明刻本、明刻積秀堂印本。在影印本方面，目前僅《四庫禁燬書叢刊》有收入。

《枕中十書》最普遍的版本是大雅堂刊的「大雅堂訂正本」，此版本行格版式為「8行，18字，小字雙行，字數同；白口，無魚尾，四周單邊」，卷端題名為「大雅堂訂正精騎錄　甲集，溫陵卓吾李贄緝，公安中郎袁宏道校，仙亭冰雪釋如德閱」。《四庫禁燬書叢刊》也是影印此版本。

辨偽

王重民認為，根據釋如德的序中所言，袁中郎在李贄死後，得到此書草稿，「吾聞卓老被收，以書囑三教寺老僧曰，善為祕枕中，三年後必有識吾書者！在今未三年，而卓吾書復大行，四方求者亦如飴，是書竟為中郎袁先生得。」但是此乃不合史實，因為袁中郎卒於萬曆 28 年，李贄則卒於萬曆 30 年，故可認定此書此序皆為偽託。〔註591〕

林海權認為《枕中十書》可疑處有三點：〔註592〕

1. 據袁序說，當袁在三教寺發現此書時問「是稿何處得來？」，老僧曰是「鄉者溫陵卓吾被逮時寄我物也。」但李贄及其師友從來未曾提及李贄編過此書。

2. 袁序說，李贄未編成此書而囑他「續而全之」，他續成後即付冰雪道人「閱而訂之」。但冰雪道人在序中卻不說此書曾經袁宏道續編，而僅說此「竟為袁中郎所得」，「所得」顯然是否定了袁序「續而全之」的說法。

3. 遍查舊版《袁中郎全集》等著作，未見收有袁此序。故袁宏道是否續編過此書並寫過此序也就很可懷疑了，而李贄是否編過此書，同樣值得懷疑。

〔註591〕參見《美國國會圖書館藏中國善本書目》，「大雅堂訂正枕中十書」條目，頁657～658。
〔註592〕詳見林海權，《李贄年譜考略》，頁496。

六、《疑耀》

（一）提　要

1. 《四庫全書總目》〈疑耀提要〉：〔註593〕

《疑耀》七卷，浙江巡撫採進本，舊本題〔明〕李贄撰。贄有《九正易因》，已著錄。是編前有張萱序，稱「負笈數千里，修謁其門，迺衰一編見示，屬以訂正。戊申歲，以地官郎分務吳會，登梓以傳」云云。

案贄恃才妄誕，敢以邪說誣民。所作《藏書》，至謂「毋以孔夫子之是非是非我。」其他著作，無一非狂悖之詞。而是編考證故實，循循有法。雖間倡儒佛歸一之說，其言謹而不肆。至云「儒不必援佛，佛不必援儒」。又云「經典出六朝人潤色，非其本眞」。且與贄論相反，斷乎不出其手。

王士禎《古夫于亭雜錄》云：「家有《疑耀》一書，凡七卷，乃李贄所著，而其門人張萱序刻者。余嘗疑爲萱自纂，而駕名於贄。以中數有『校秘閣書及修玉牒』等語，萱嘗爲中書舍人，纂《文淵閣書目》，而贄未嘗一官禁近也。及觀『論溫公』一條中云『余鄉海忠介』，益信不疑」云云。

今因士禎之說，而考之「奉朝請」一條云：「余今年五十矣，始爲尚書郎。」是萱官戶部時語，贄亦未嘗官六曹也。「蘭香」一條云：「此法在宋已有之，自吾廣始。」「蘇東坡」一條云：「東坡寓吾惠最久。」「文天祥」一條云：「文璧蓋守余惠州，　而以城降元者。」是皆廣東人語，與萱之鄉貫相合。贄本閩人，無由作此語也。知此書確出於萱，士禎所言爲不謬。

蓋以萬曆中贄名最盛，託贄以行，而其中刪除不盡者，尚有此數條耳。相傳坊間所刻贄《四書第一評》、《第二評》皆葉不夜所僞撰，知當時常有是事也。其書多由記憶而成，如文彥博僞帖，不知爲《玉照新志》所載石蒼舒事。翡翠屑金，不知爲歐陽修《歸田錄》語。謂沈約「還家問鄉里，詎堪持作夫」二語爲白居易詩。謂左傳巫尫

爲巫者名尪。皆失之疎舛。謂《本草》稱蟶可療目，故陳仲子耳無聞，目無見，食蟶李而即愈。又謂《本草》稱蓴鱸作羹，下氣止嘔，張翰在當時，意氣鬱抑，遇事嘔逆，故思此味。尤穿鑿無理，然其他考證乃往往有依據。舊以惡贄之故，併屏斥之，過也。今改題萱名，從其實也。

2.《邰亭知見傳本書目》〈疑耀提要〉：

疑耀七卷，張萱撰，萬曆中萱自刊行。

（二）序　文

〈張萱序〉〔註594〕

萬曆己亥歲，卓吾先生《藏書》出，一時士大夫翕然醉心，無論通邑大都，即窮鄉僻壤，凡操觚染翰之流，靡不爭購，殆急于水火菽粟也已。既而《焚書》、《説書》、《易因》諸刻種種漸次播傳海內，愈出愈奇，不啻長安紙貴，僉謂先生著述無遺矣。

曩余在青衿時，嚮慕先生當代羽儀，負笈數千里，修謁先生之門，庶幾幸拾咳唾，不謂甫再見，遂倒中郎之屣，及侍函丈有日，迺衷一編見示，屬以訂正，初瞿然懼，既躍然喜，私念曰，余果有當于先生者耶？及門者多矣，胡不他屬而我屬也？再拜而受，至于莊誦竟業，迺見上遡黃虞、近該昭代，大而經史、細及禪官，四始之宗、三倉之學，禮樂畢踪、經綸咸貫，拯二氏之沈冥、覺九流之迷妄，名物辯其異同、輿論正其毀譽，攄獨得之見、決千載之疑，狥歟盛哉！所謂探頤索隱、窮理盡性，無過是編矣。

卷心七篇，倣子輿氏，題曰疑耀，若以莊叟自居，皆先生之謙也。余向以爲枕中之寶，然輕傳之而終秘之，均非先生授書意也。戊申歲，余叨以地官，分務吳會，視事之暇，檢之笥中，登梓以廣其傳。余知是編之行也，王充之《論衡》讓其確、應劭之《風俗通》讓其典、班固之《白虎通》讓其辯、蔡邕之《獨斷》讓其閎，其他諸子瑣猥勦襲，徒足以騁談資，于實際蓋茫然已，豈能窺先生之藩籬耶？雖然，非特超軼古人已也，即先生藏書諸集，或專揚確古今、或專

〔註594〕本篇序文據國家圖書館藏明萬曆戊申（三十六年）嶺南張萱刊本輸入。

研精訓詁，至求上下骨徹、天人會通，亦當以是編爲首出云。

萬曆戊申歲季夏　領南張萱題，太原王楫登書

（三）目　錄〔註595〕

卷　一

孔子無鬚眉辯	舜有兄妹	生子無功
姣童	誤躬作弓	書籍板行
高皇帝像	許由	五霸
窈窕	孟母姓仉	放生
韓繽不識女字	漢祀以鶩易鳧	望帝化鵑
癡了	顏子安貧	古人辭大
伯仲塤箎	蘇武娶胡婦	徐庶歸曹
北音無入聲	經濟	漢唐二高識度
巫覡惑人	生煙	蔓字
鬱林葛	泰山神祠	星命
韓昌黎未見道	洞庭湘妃墓辯〔註596〕	石經
賀季眞乞休		

卷　二

栁子厚非國語	施全	賈誼蘇洵薄德
嚏嚏	生乞壙志	荔枝
石炭	介之推燭之武	開脇而產
詩叶管絃	妒婦不可少	莊周鼓盆
四兇	司馬文正海忠介	佛書入中國
殿廷植花柳	黃冊	尾大不掉
雁足書	羣龍無首	佛不能作福
書啓愼餘字	術者決王荆公去位	易字義
楚子問鼎	漢高后答匈奴書	夥頤沈沈字義
漢書人物表同名	機雲爲顧婦贈答	六朝文法不通
雪月二賦	韜略非呂望筆	明月夜光

〔註595〕本篇目錄據故宮博物院藏《四庫全書》本輸入。
〔註596〕附徐司馬書。

珊瑚	輦路	慎子名姓辯
結字即髻字	名字相同	冠服不必反古
袴制	禱夢九鯉湖	延篤挂名常侍碑陰
坡公論畫竹	坡公詩文	佛字辨
瘄病聖人	大麓辨	經與傳各行
三字名辨	論語微子第	針砭藥餌
寇萊奢儉不同	二王名字之謬	舳斗
劉表工書	有餘不足	水銀
焦仲卿妻	夏世最文	字學之難
班固賦用驪虞	翡翠屑金	服玉屑
西方聖人辯	齊鑄鐘銘	鸘鷴
花蕊夫人		

卷　三

八分隸楷辨	丘明非姓左	蚩尾誤作鴟
障車文	射策之制	烏鬼之辨
晁無咎能畫	韓昌黎白太傅皆惑於服食	男女兩體
詠花不語	滕王蛺蝶圖	婦人自稱
瓊奴	宋紙背面皆可書	㗩㗩
骨肉相關	給事中不宜稱黃門	二千石
五星聚	婦人以父姓爲名	七均七始
雲南荔枝	習流	乂正美諡
石奴	茶用鹽薑	白牯青奴
秦法棄灰	臧文仲	至老稱詩
樂府訛缺	官吏不得受監臨飲食	婦人裸撲爲戲
司馬光辭知制誥	陰陽地理之說	餐菊
蘇子由制策差錯	死而尸溫	古章奏皆手書
黃六	宗藩之盛	燕脂
粉	妲己	火浣布
太玄潛虛	楊用修妄改杜詩	象
天地止有三行	衣冠以白爲忌	海月
詩文必有所本	餘甘子	七七

卷　四

圖書生剋	雲列祀典 〔註597〕	拜帖不古
東坡前定	佛經不眞	通家之稱
莫愁	李至有功名教	假葬
建文還京	壇醮之始	地下有世界
周禮大司樂辨 〔註598〕	帝王簪珠翠	檮杌
雞口牛後之誤	晏安酖毒之誤	觷剖雕字
窖養花木	蘦苓字相通	治亂甘苦黑白
介雞	鬱邑之辨	萬字辨
無廉恥做得尙書	孔子采詩不及楚	三十六奉朝請
詞人用事	惡獸爲名	佛不度女人
上林羽獵二賦	風流罪過	佛經恐非西來大意
仙書皆僞筆	仙宦非共途	陶淵明乞食
道學可護短	姜維母書	天問可疑
元微之詩	元白皆無兒	九歌
禹娶四日即治水	荊公不事修飾	古今兩羿
西北水田	詩文顯白古奧	古無騎字
露刅廟辯	儒釋不必相援	宋玉招魂
二王書法	丙午丁未	老於宦途不能自引

卷　五

蒼梧寄生酒	蠐可療目	朱考亭妄評杜詩
阮宣子歛錢爲婚	帝王諡號	元俗近古
以詩句定人品	滁地爲南北要地	樂律不講
國初乘驢	詩法	淫亂之始
婦女遭亂	王導遺誅	陶侃被誣
青紙詔	祿命家言	司馬遷論五音
改元	州里難行	漢昭烈顧命
更漏	學官	邵堯夫不娶
險字押韻	世宗崇道教	晉八伯
燈夕	蘇東坡寓惠	韓昌黎登華山
戴逵阮瞻	邊韶	孫叔敖
寒食	上墓設烏飯	生兒詩

〔註597〕附徐司馬議。
〔註598〕附徐司馬議。

以行呼	社稷	二氏
太監雲奇	女兒把子	諸葛入蜀
疑馮宿代韓昌黎筆	觀日出入	東漢碑文
篆體	獸名窮奇	繡襦傳奇
古裝書法	秦始皇年歲	婦人不宜稱姬
五刑	張德釗書石本孝經	生而有文在手
戒臘	受財產	玉牒
火葬	蕈鱸	牛頭阿旁
鉅靈	皇帝王	梅竹宜瘠地
藥樹監搜	佛書可疑	漢閏之誤
姻嫂	珠池	烏寶
石有生長	子孫用祖宗樂	骨董
拾青紫	種竹	持齋

卷　六

茶	林逋	樂府之誤
書簡用死罪	張楚	王弼註利貞
孔子責冉求	王道王路	夷齊不食周粟
獬豸	伯益之壽	堯舜被誣
鼻天子冢	張生夢舜	儒釋相通
九言詩	司馬溫公之貧	琴辨
九河考	龍涎香	漢碑
柴桑	荔枝	消摩
擊壤	以糟飼馬	家里
五大夫松	芍藥握菽	千文
蘭香	東方朔滑稽	木棉
朱提銀	蜀漢不制樂	分野
古樂之亡	無逸之誤	周武王十三年伐紂
河清酒	在田之義	古祀必卜
人奴	不庭	星隕如雨
燒酒汎荔枝	龍蛇歌	爛柯
盜跖	今隸	藥箭
弱翰	馬汗血	水利
鱷魚	吳復古	漢劉熊碑
夷齊考	孔子姓氏	癰疽瘠環
王荊公不知詩	精舍	老人子無影

卷　七

纂修恩賞	看畫時知孤寒	艫牽舩
醴	龍無髓	不信夷齊扣馬
潁師彈琴詩	齋醮	婦人在軍中
磁器	視草之義	眼鏡
不合時宜	皮舩橡矢	絹易虜首
王勃千歲曆	赫胥氏	曷字辨
李虛中以疽死	九還	天門開
在齊聞韶	孔子不言樂	譜系之學
封禪	能耐通	老始學詩
禮部韻	易有小石	五經皆有韻
四民	古琴	火鈴
祀孔子之始	曾點鼓瑟	乞燔
石介七十喪未葬	帝王之後皆蠻夷	文天祥考
宮詞	禹錫玄圭	郭公
顏謝優劣	漢高祖尊母不尊父	九州考
誅少正卯	郭汾陽二十四考辯	關侯謚辯〔註 599〕
薛居正子婦	漢書古本	墨
璽印	不施其親	商之後獨盛於夏周
几	黃山谷不言命	梧桐自生
書經今文古文	拆字法	石介不能書

（四）目前可見的各種版本

1. 各大圖書館藏古籍善本

《疑耀》七卷，題〔明〕李贄撰。

　　版本：明萬曆戊申（36 年，1608）嶺南張萱刊本。

　　資料格式：3 冊。

　　版匡高廣：19.4 公分×13.9 公分。

　　行格版式：8 行，行 16 字。單欄，版心花口，黑白單魚尾不一，上
　　方記書名。

〔註 599〕 「明萬曆 36 年刻本」有此目，但《四庫全書》無此目。

序：「李卓吾先生疑耀題辭　萬曆戊申嶺南張萱題辭太原王穉登書」。

正文卷端題：「疑耀卷之一　溫陵李贄閎甫著　嶺南張萱孟奇訂」。

典藏地：國家圖書館。〔註600〕

資料來源：中國古籍書目資料庫。

國家圖書館藏明萬曆戊申（36年）嶺南張萱刊本

《疑耀》七卷，題〔明〕張萱撰。

版本：明萬曆刻本。

行格版式：8行，16字。白口，四周單邊。

典藏地：中國國家圖書館、首都圖書館、清華大學圖書館、中國社會
科學院文學研究所、上海圖書館、復旦大學圖書館、上海辭書出版社
圖書館、天津市人民圖書館、哈爾賓師範大學圖書館、山東省圖書館、
南京圖書館、湖北省圖書館。

資料來源：中國古籍善本書目聯合導航系統。

《疑耀》七卷，題〔明〕張萱撰。

版本：明萬曆刻本。

跋文：鄭振鐸跋。

典藏地：中國國家圖書館。

資料來源：中國古籍善本書目聯合導航系統。

《疑耀》七卷，題〔明〕李贄撰，〔明〕張萱訂。

　　版本：舊鈔本

　　資料格式：6 冊 1 函。

　　典藏地：中科院國家科學圖書館總館。

　　資料來源：中國科學院國家科學圖書館古籍檢索系統。

《疑耀》七卷，題〔明〕李贄撰。

　　版本：影鈔明萬曆戊申（36 年，1557）嶺南張萱刊本。

　　資料格式：2 冊。

　　全幅：27.3×17.7 公分。

　　行格：8 行，行 16 字。

　　序：「李卓吾先生疑耀題辭　萬曆戊申張萱　太原王穉登書」。

　　正文卷端題：「疑耀卷之一　溫陵李贄閎甫著　嶺南張萱孟奇訂」。

　　典藏地：國家圖書館。〔註 601〕

　　資料來源：中國古籍書目資料庫。

國家圖書館藏影鈔明萬曆 36 年嶺南張萱刊本

〔註 601〕藏印：「一片冰心在玉壺」朱文橢圓印、「國立中央圖／書館收藏」朱文長方印、「壽祺／堂葛／氏珍藏」朱文方印、「壽祺／主人」朱文長方印、「聽鐘／樓藏」白文方印、「見川／珍藏」朱文方印。書號 07183。

《疑耀》七卷，題〔明〕李贄撰。

　　版本：日本鈔本。

　　資料格式：3 冊。

　　全幅 27.3×18.8 公分。

　　行格：13 行，行 24 字。

　　正文卷端題「疑耀卷之一　溫陵李贄閎甫著　嶺南張萱孟奇訂」。

　　典藏地：國家圖書館。〔註 602〕

　　資料來源：中國古籍書目資料庫。

日本抄本　卷一　　　　　　　　　　　　　　日本抄本　目錄

《疑耀》七卷，〔明〕張萱撰。

　　清道光 25 年（1845）南海伍氏粵雅堂文字歡娛室刊本。

　　叢書名：《嶺南遺書・第 2 集；第 17～19 冊》。

　　資料格式：3 冊。27 公分。

　　典藏地：中央研究院傅斯年圖書館。

《疑耀》七卷，〔明〕張萱撰。

〔註 602〕藏印：「國立中央圖／書館收藏」朱文長方印、「六合徐氏／孫麒珍藏／書畫印」朱文長方印、「掃葉山／房藏書」朱文長方印、「孫麒氏／使東所得」白文長方印。有微捲。索書號：308 07184。

－385－

典藏地：中國國家圖書館。

《疑耀》七卷，〔明〕張萱撰。

版本：清乾隆間文淵閣四庫全書本。

典藏地：故宮博物院圖書館。

《疑耀》七卷，〔明〕張萱撰。

典藏地：東京大學東洋文化研究所。

《疑耀》七卷，〔明〕張萱撰。

版本：覆嶺南遺書本。

典藏地：東京大學東洋文化研究所。

2. 影印本

《疑耀》七卷，〔明〕張萱撰；嚴一萍選輯。

收入於《原刻景印百部叢書集成》93·嶺南遺書11·第3函。

臺北：藝文印書館出版。出版時間：1968年。

資料格式：2冊。19公分。線裝本。

行格版式：11行，22字。版心白口，黑魚尾，四周單邊，下刻「粵雅堂校刊」。

序跋者：〔明〕張宣序；〔清〕伍崇曜跋。

卷七的卷末刻「譚瑩生覆校」。

附錄：余嘉錫〈四庫提要〉，胡玉縉〈提要補正〉。

本書據清道光伍崇曜校刊《嶺南遺書》本影印。

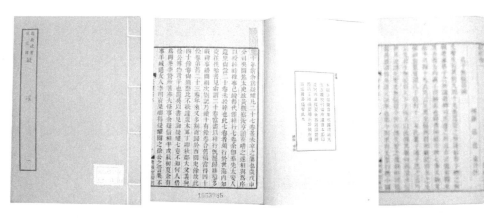

封面　　　　　　　　序文　　　　　　　　卷一

《疑耀》七卷，〔明〕張萱撰；〔清〕張虎校；〔清〕牛稔文覆勘；〔清〕

潘曾起覆校編修；〔清〕勵守謙原任編修；〔清〕杜文海謄錄。

　　收入於《景印文淵閣四庫全書》‧第 856 冊，159～298 頁。。

　　臺北：臺灣商務印書館出版。出版時間：1983 年。

　　行格版式：8 行，20～21 字。白口，四周雙邊，單黑魚尾，上方記書
　　名。

　　卷端題名：「欽定四庫全書　疑耀卷一　明張萱撰」。

　　前有〔清〕紀昀提要，〔明〕張萱原序。

　　本書據國立故宮博物院藏文淵閣四庫全書本影印。

封面　　　　　　　　　　提要　　　　　　　　　卷一

3. 排印本

《疑耀》，〔明〕張萱撰。

　　收入於《叢書集成》‧初編‧第 0340～0341 冊。

　　上海：商務印書館出版。出版時間：1939 年。

　　資料格式：2 冊；18 公分。

　　本書據嶺南遺書本排印。

《疑耀》七卷，〔明〕張萱撰。

　　收入於《叢書集選》‧第 0063 冊。

　　臺北：新文豐出版。出版時間：1984 年。

　　與「查上老舌」、「餘菴雜錄」、「呂錫侯筆記」、「遯翁隨筆」、
　　「魯齊述得」合刊。

　　本書據「商務依嶺南遺書本排印」影印。

《疑耀》七卷，〔明〕張萱撰。

　　　　收入於《叢書集成》・新編・總類；第 13 冊，頁 229～269。

　　　　臺北：新文豐出版。出版時間：1985 年。

　　　　本書據嶺南遺書本排印。

　　《疑耀》，〔明〕張萱撰。

　　　　收入於《叢書集成》・初編・第 340～341 冊。

　　　　北京：中華書局出版。出版時間：1985 年。

　　　　資料格式：2 冊。19 公分。

 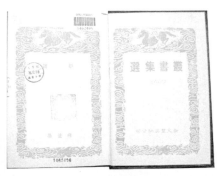 

　　封面　　　　　　　　　封面內頁　　　　　　　　內文

4. 電子文獻

　　《疑耀》七卷，〔明〕張萱撰。

　　　　合肥：黃山書社。出版時間：2008 年。

　　　　資料庫名稱：《中國基本古籍庫》・史地庫・歷史類・雜錄瑣聞目・
　　　　04213。

　　　　資料型式：文字及圖像。

　　　　開發製作：北京愛如生數字化技術研究中心。

　　　　原據版本：明萬曆三十六年刻本。

　　　　圖像版本：明萬曆三十六年刻本。

　　　　集叢冊次號係據漢珍提供總目清單之序號著錄。

電腦繪製封面 　　　　　　　　內文 　　　　　　　　版本對照

（五）刊刻與版本源流

　　《疑耀》最早的版本是明萬曆 36 年嶺南張萱刊本，其正文卷端題：「疑耀卷之一　溫陵李贄閎甫著　嶺南張萱孟奇訂」但是《疑耀》真正的作者，是李贄還是張萱，學者們有一些爭論。

　　《四庫全書總目》考證《疑耀》為張萱所偽，並非李贄所撰。其寫道：

> 舊本題〔明〕李贄撰。...而是編考證故實，循循有法。雖間倡儒佛歸一之說，其言謹而不肆。至云「儒不必援佛，佛不必援儒」。又云「經典出六朝人潤色，非其本真」。且與贄論相反，斷乎不出其手。……蓋以萬曆中贄名最盛，託贄以行，而其中刪除不盡者，尚有此數條耳。相傳坊間所刻贄《四書第一評》、《第二評》皆葉不夜所偽撰，知當時常有是事也。

　　《四庫全書總目》並提到，王士禎曾懷疑此書非李贄所作：

> 王士禎《古夫于亭雜錄》云：「家有《疑耀》一書，凡七卷，乃李贄所著，而其門人張萱序刻者。余嘗疑為萱自纂，而駕名於贄。以中數有『校秘閣書及修玉牒』等語，萱嘗為中書舍人，纂《文淵閣書目》，而贄未嘗一官禁近也。考之「奉朝請」一條云：「余今年五十矣，始為尚書郎。」是萱官戶部時語，贄亦未嘗官六曹也。

　　白胤昌也認為《疑耀》乃張萱所作，其在《容安齋蘇談》卷九寫道：

> 嶺南張萱著一書曰《疑耀》，亦辨博，可備稗官一種，第不知托名李卓吾何謂？不過假以希傳播耳！開卷一覽其敘，便覺書亦為之削色。

　　但是朱謙之與鄭振鐸卻認為《疑耀》乃是李贄的著作。朱謙之說：「《四庫全書總目》張萱撰，實誤。」他認為《疑耀》書中「間有他人之說，應加

分別。」鄭振鐸也在《西諦書目》〈疑耀題跋〉中寫道：

> 按萱所刊書甚多，如《云笈七籤》、《北雅》等，皆不沒作者之名，
> 此書若爲萱自著，何故必假名卓吾？此甚可疑也。雖有數則似出萱
> 手，或是其增入之語，未可因此遂沒殺卓吾此一著作也。

（六）相關研究論文

周作人	看書偶記：《教童子注》、《印書紙》、《千百年眼》、《疑耀》、《寒燈小話》 書房一角，臺北，里仁，1982 年
毛慶耆	明代嶺南學者張萱及其《疑耀》 暨南學報（哲學社會科學版），第 25 卷第 5 期，頁 77～79，2003 年 9 月
毛慶耆	《疑耀》作者權之“張”冠“李”戴 暨南學報（哲學社會科學版），第 25 卷第 5 期，頁 42～44，2003 年 中國文學通義（上下），第 1 章，中國文學的文化背景，岳麓書社，2006 年 9 月
毛慶耆， 郭小湄	張萱及其《疑耀》 中國文學通義（上下），第 1 章，中國文學的文化背景，岳麓書社，2006 年 9 月

3-4 集 部

一、《李氏逸書》

（一）提 要

《李氏逸書》無前人提要，疑爲僞書，目前僅有一個版流傳，藏於上海圖書館。

《李氏逸書》十三卷，〔明〕李贄撰

> 版本：明刻本。
> 行格版式：8 行，19 字。白口，四周單邊。
> 典藏地：上海圖書館。
> 資料來源：中國古籍善本書目聯合導航系統。

二、《李卓吾彙撰註釋萬形實考》

（一）提 要

此書無前人提要。王重民認爲，此書文字簡陋，應爲李潮所僞託。

（二）目前可見的各種版本

1. 各大圖書館所藏古籍善本

《李卓吾彙撰註釋萬形實考》六卷，〔明〕李贄著。

　　版本：明刻本。

　　資料格式：4 冊 1 函。

　　行格：9 行，19 字。

　　序跋：〔明〕李贄自序。

　　卷端題：「溫陵卓吾李贄著，書林少泉李潮梓」。

　　典藏地：美國國會圖書館。

　　資料來源：中國古籍書目資料庫。

《李卓吾彙撰註釋萬形實考》六卷，〔明〕李贄著。

　　版本：明李潮刻本。

　　行格版式：9 行，19 字。白口，四周單邊。

　　典藏地：中國歷史博物館。

　　資料來源：中國古籍善本書目聯合導航系統。

2. 影印本與排印本

此書目前無影印本與排印本。

（三）版本源流探討

　　王重民在著錄《李卓吾彙撰註釋萬形實考》時提到，此書不知何出，李贄之名，應當為李潮所偽託，據書前偽託李贄之序文言：「予不忍世之終迷，彙撰成聯，增以註解，分類編次，令其易曉。是轉長夜而使之旦，呼長寐而使之寤。」王重民認為，閱此具有若許氣力之書，其文其註，不過略似吳淑事類賦，其陋則十倍而下之。〔註 603〕

三、《刻李卓吾文章又玄整理》

（一）提　要

此書無前人提要，疑為偽書。

（二）目前可見的各種版本

〔註 603〕參見《美國國會圖書館藏中國善本書目》，「李卓吾彙撰註釋萬形實考」條目，頁 736～737。

1. 各大圖書館藏古籍善本

《刻李卓吾先生文章又玄》二十卷，〔明〕李贄撰。

版本：萬曆 41 年刊本。

資料格式：20 冊。

典藏地：東京大學東洋文化研究所。〔註 604〕

資料來源：中國古籍書目資料庫。

《刻李卓吾先生文章又玄》二十卷，題〔明〕李贄輯。

版本：明萬曆刻本。

行格版式：11 行，行 22 字。白口，四周單邊。

典藏地：無錫市圖書館。

資料來源：中國古籍善本書目聯合導航系統。

2. 影印本與排印本

此書目前無影印本與排印本。

（三）版本源流探討

此書傳世有兩部，皆爲明萬曆刻本，分別典藏於無錫市圖書館與東京大學東洋文化研究所。因爲版本資料太少，故無法進行比對。

第四節　李贄著作當代新選集

（一）李贄著作當代新選集

《李贄文集》，張建業主編。

北京：社會科學文獻出版社。出版時間：2000 年。

本叢書共七冊，收入李贄的著作十六部，包括《焚書》、《續焚書》、《藏書》、《續藏書》、《初潭集》、《四書評》、《史綱評要》、《老子解》、《莊子解》、《九正易因》、《因果錄》、《永慶答問》、《祚林紀譚》、《道古錄》、《闇然錄最》、《孫子參同》。

〔註 604〕資料庫名：所藏漢籍分類目錄。索書號：集部-總集-62。編號：D7920700。

編輯點校者：

1. 《藏書》是由劉幼生、夏連保、李著鵬、關耀輝等人，依據 1974 年中華書局排印本校刊整理；王麗青編人名及字號索引。

2. 《續藏書》是由劉幼生依據 1974 年中華書局排印本校刊整理；王麗青編人名及字號索引。

3. 《焚書》、《續焚書》是由劉幼生以明刻本為底本，參校 1975 年中華書局排印本、嶽麓書社排印本、北京燕山出版社排印本，整理而成。

4. 《史綱評要》是由劉幼生以 1975 年中華書局排印本為底本，參校其他不同的明刻本整理而成。

5. 《初潭集》是由王麗萍以兩種明刻本進行校刊整理，並參校 1974 中華書局排印本。

6. 《四書評》是由張賀敏依據明萬曆刻本進行標點，並參校 1975 年上海人民出版社排印本。

7. 《孫子參同》、《老子解》、《莊子解》是由張建業，以明燕超堂藏版《卓吾先生李氏叢書》為底本，參照其他明刻本標點整理。

8. 《道古錄》、《柞林紀潭》、《永慶答問》是由張建業，以明海虞顧大韶刊本《李溫陵集》為底本，參照其他刻本標點整理。

9. 《九正易因》是由邱少華以《四庫全書存目叢書》中所收蘇州市圖書館藏明刻本為底本，並參校《道藏》本。

10. 《闇然錄最》、《因果錄》是由段啟明依據《卓吾先生李氏叢書》加以標點整理。

封皮　　　　　　　　　　　　封面

《李贄文選譯》，〔明〕李贄撰，陳蔚松等譯注；李國祥、曾棗莊審閱。

收入於《古代文史名著選譯叢書》。

成都：巴蜀書社出版。出版時間：1994 年。

資料格式：簡體字，橫排。228 頁。32 開本。

收入篇章：

1. 前言

2. 夫婦篇總論

3. 讀《金縢》

4. 三教歸儒說

5. 道學

6. 《焚書》自序

7. 與焦弱侯

8. 答鄧石陽

9. 答焦漪園（節選）

10. 答耿中丞

11. 又與焦弱侯

12. 復鄧鼎石

13. 答友人書

14. 答以女人學道爲見短書

15. 答陸思山

16. 何心隱論

17. 戰國論

18. 雜說

19. 童心說

20. 四勿說

21. 忠義水滸傳序

22. 贊劉諧

23. 因記往事

24. 賈誼

25. 孔明爲後主寫《申》、《韓》、《管子》、《六韜》

26. 讀書樂・引

27. 與耿克念

28. 與潘雪松

29. 聖教小引

30. 題孔子像於芝佛院

31. 李卓吾先生遺書

32. 藏書世紀列傳總目前論

33. 藏書世紀列傳總目後論

34. 世紀總論

35. 富國名臣總論

36. 德業儒臣前論

37. 德業儒臣後論

《李贄文集》，〔明〕李贄撰，張業整理。

　　北京：北京燕山出版社。出版時間：1998 年。

　　資料格式：全 2 冊。簡體字，橫排本。

收入《焚書》、《續焚書》、《初潭集》。〔註605〕

書前有黑白照片2頁（李贄像、李贄手札）、序一篇。〔註606〕

封面1　　　　　　　　　　　封面2

《李溫陵集》，〔明〕李贄著。

收入於《中國名著精華全集》〔註607〕‧第12冊，頁35～585。

台北：遠流出版公司。出版時間：1983年。

資料格式：繁體字，直排本。

內容：

I. 《李溫陵集》，此書為節錄，收入篇章如下：

1. 李敖導讀
2. 答鄧石陽
3. 答耿中丞
4. 答以女人學道為見短書
5. 何心隱論
6. 童心說
7. 送鄭大姚序
8. 藏書世紀列傳總目前論
9. 藏書世紀列傳總目後論

〔註605〕本書在封面內第一頁寫道：「收入《焚書》、《續焚書》、《初潭集》、《藏書》、《續藏書》、《史綱評要》。」但全書中並未見後三部。

〔註606〕代序文：黃仁宇〈李贄——自相衝突的哲學家〉。

〔註607〕李敖主編。

　　10. 藏書德業儒臣前論

　　11. 藏書德業儒臣後論

　　12. 藏書司馬相如傳論

II. 《初潭集》，此書收錄完整全書，目錄詳見本書第 199～200 頁。

　　　　封面　　　　　　　　　　序言　　　　　　　　　　內頁

《李卓吾詩集》，〔明〕李贄撰。

　　收入於《鄭振鐸世界文庫》‧第 7 冊，頁 2839～2858。

　　石家莊：河北人民出版社。出版時間：1991 年。

　　資料格式：繁體字，直排本。字體非常小。

　　（此書沒有附子目錄）

　　　　封面內頁　　　　　　　　　　　內文

《李氏尺牘》，〔明〕李贄撰。

收入於《鄭振鐸世界文庫》・第 8～9 冊。

本書分爲上、下兩部份。（上）收入第 8 冊，頁 3353～3376；（下）

收入第 9 冊，頁 3891～3916。

石家莊：河北人民出版社。出版時間：1991 年。

資料格式：繁體字，直排本。字體非常小。

收入篇章：此書沒有附子目錄。

封面內頁　　　　　　　　內文上　　　　　　　　內文下

《李氏雜述》，〔明〕李贄撰。

收入於《鄭振鐸世界文庫》・第 11～12 冊。

石家莊：河北人民出版社。出版時間：1991 年。

資料格式：繁體字，直排本。字體非常小。

《李贄散文選註》，〔明〕李贄撰，張凡編注。

北京：北京師範大學出版。出版時間：1991 年。

資料格式：簡體字，橫排本。241 頁。

每篇前有題解，後有注釋。

書後附李贄生平簡譜與著作。

目錄：

1. 與焦弱侯

2. 答鄧石陽

3. 答李見羅先生

4. 答焦漪園

5. 答耿中丞

6. 與楊定見

7. 復京中友朋

8. 答耿司寇

9. 答鄧明府

10. 復焦弱侯

11. 又與焦弱侯

12. 答以女人學道爲見短書

13. 答周柳塘

14. 寄答京友

15. 與友人論文

16. 與周友山

17. 與城老

18. 與耿克念

19. 與耿克念

20. 復楊定見

21. 寄焦弱侯

22. 與楊定見

23. 何心隱論

24. 雜說

25. 童心說

26. 高潔說

27. 忠義水滸傳序

28. 自贊

29. 贊劉諧

30. 讀律膚說

31. 讀若無母書

32. 三大士像議

33. 因記往事

34. 豫約・感慨平生

35. 寒燈小話

36. 老人行敘

封面　　　　　　　　　　　　內文

《李贄著作選注》，〔明〕李贄著，山東師範學院中文系《李贄著作選主》注釋組編。

　　濟南：山東人民出版社。出版時間：1976 年。

　　資料格式：63 頁。19 公分。

《李贄著作選注》，上冊。〔明〕李贄撰，李贄著作選注小組編。

　　北京：北京人民出版社。出版時間：1975 年。（上冊）

　　資料格式：190 頁。32 開本

上　　　　　　　　　　　　　下

《李贄文選讀》，〔明〕李贄撰，北京第一機狀廠工人理論組選注；北京大學中文系文學專業七十二級工農兵學員選注。

　　北京：人民文學出版社。出版時間：1975 年。

　　資料格式：52 頁。1 冊。32 開本。

《李贄尊法反儒文選》，〔明〕李贄撰，廈門大學歷史系編。

　　出版時間：1975 年。

　　資料格式：211 頁。32 開本。

《李贄著作選注》，〔明〕李贄著，楚雄縣農機廠理論組。

　　昆明：雲南人民出版社。出版時間：1975 年。

　　資料格式：39 頁。19 公分。

《李贄文章選注》，〔明〕李贄著，法家著作選讀編輯組。

　　北京：北京人民出版社。出版時間：1975 年。

　　資料格式：45 頁。19 公分。

《李贄文選》，〔明〕李贄著，天津市自來水公司第三服務站工人理論組。

　　天津：天津人民出版社。出版時間：1975 年。

　　資料格式：41 頁。22 開。

《李氏雜述》，〔明〕李贄撰。

　　收入於《世界文學大系》·中國之部·筆記尺牘；第 2 冊，頁 205～272。

　　臺北：啓明書局出版。出版時間：1961 年。

　　資料格式：繁體字，直排本。字體非常小。

　　本書所收篇章內容與《焚書》第三卷、第四卷大致相同，只是《焚書》沒有最後〈與澄然〉、〈答自信絕頂之談〉、〈答明因〉、〈崑崙奴〉、〈拜月〉、〈紅拂〉等篇。另外有部分篇名有所出入，例如〈卓吾論略滇中作〉在《焚書》中篇名是〈卓吾論略〉；〈夫婦因畜有感〉在《焚書》中篇名是〈夫婦論〉。

　　收入篇章：

1. 卓吾論略滇中作
2. 論政篇
3. 何心隱論
4. 夫婦因畜有感
5. 鬼神論
6. 戰國論
7. 兵食
8. 雜說
9. 童心說
10. 心經提綱
11. 四勿說
12. 虛實說
13. 定林庵記
14. 高潔說
15. 三蠢記
16. 三叛記
17. 忠義水滸傳序
18. 子由解老序

19. 高同知獎勸序

20. 送鄭大姚序

21. 李中丞奏議序代作

22. 先行錄序代作

23. 時文後序代作

24. 張橫渠易說序代作

25. 龍溪先生文錄抄序

26. 關王告文

27. 李中谿告文

28. 王龍谿先生告文

29. 羅近谿先生告文

30. 祭無祀文代作

31. 篔山碑文代作

32. 李生十交

33. 自贊

34. 贊劉諧

35. 方竹圖卷

36. 書黃安二上人手冊

37. 讀律膚說

38. 解經題

39. 書決疑論前

40. 解經文

41. 念佛答問

42. 征途與共後語

43. 批下學上達語

44. 書方伯雨冊葉

45. 讀若無寄母書

46. 耿楚空先生傳

47. 附周友山爲明玉書法語

48. 題關公小像

49. 三大士像議絕世之談

50. 代深有告文時深有遊方在外

51. 又告

52. 禮誦藥師告文

53. 移往上院邊廈告文

54. 禮誦藥師經畢告文

55. 代常通病僧告文

56. 安期告眾文

57. 告土地文

58. 告佛約束偈

59. 二十分識

60. 因記往事

61. 四海

62. 八物

63. 五死

64. 傷逝

65. 戒眾僧

66. 六度解

67. 觀音問答澹然師

68. 與澄然

69. 答自信絕頂之談

70. 答明因

71. 豫約

72. 一早晚功課

73. 一早晚山門

74. 一早晚禮儀

75. 一早晚佛燈

76. 一早晚鐘鼓

77. 一早晚守塔

78. 一感慨平生

79. 寒燈小話（一段～四段）

80. 玉合共四首

81. 崑崙奴

82. 拜月

83. 紅拂

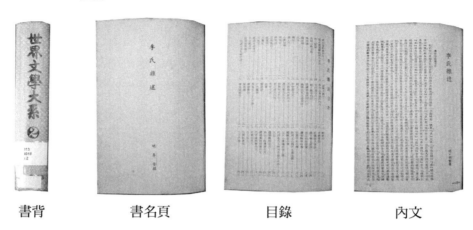

書背　　　　　書名頁　　　　　目錄　　　　　內文

《李卓吾詩集》，〔明〕李贄著。

收入於《世界文學大系》〔註607〕·中國之部；第 1 冊，頁 621～639。

臺北：啓明書局出版。出版時間：1960 年。

資料格式：繁體字，直排本。字體非常小。

本書所收篇章內容與《焚書》第六卷、《李溫陵集》卷二十相同，然前二書有〈送鄭子玄〉，而此書無此篇。

（目錄詳見頁 290～296，《李溫陵集》）

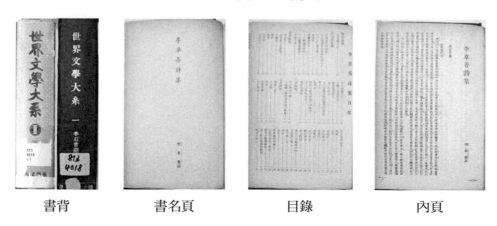

書背　　　　　書名頁　　　　　目錄　　　　　內頁

《李卓吾尺牘》，〔明〕李贄著。

〔註607〕李石曾主編。

收入於《世界文學大系》〔註608〕・中國之部；第2冊，頁423～469。
臺北：啓明書局出版。出版時間：1960年。
資料格式：繁體字，直排本。字體非常小。
本書所收篇章與《焚書》第1卷～第2卷相同，只有部分篇名有所出入，例如〈答鄧明府〉在《焚書》中篇名是〈答鄧鼎石〉，〈復顧沖庵翁書〉在《焚書》中篇名是〈復顧沖庵先生書〉，諸如此類等等。本書所收的內容亦與《李溫陵集》的卷1～卷6有相同，然《李溫陵集》所收的篇章較多。
（目錄詳見本書第223～226頁，《焚書》）

書背　　　　書名頁　　　　目錄　　　　內文

《卓吾二書》，〔明〕李贄著。
台北：河洛圖書出版社。出版時間：1976年。
資料格式：526頁。繁體字本。直排本。
此書內容乃是影印中華書局排印本《初潭集》與《史綱評要》。

封面　　　　　　　　　　　內頁

〔註608〕李石曾主編。

《李贄批判儒學教育思想與<焚書>選讀》，北京師聯教育科學研究所編選。

北京：中國環境科學出版社。學苑音像出版社。出版時間：2006 年。

資料格式：電子文獻。

目錄：

上篇　李贄教育活動和教育思想（子目省略）

下篇　《焚書》教育文論選讀

1. 答焦漪園（節選）

2. 答耿中丞

3. 答耿司寇（節選）

4. 又與焦弱侯

5. 復鄧鼎石

6. 答友人書

7. 答以女人學道爲見短書

8. 答陸思山

9. 卓吾論略

10. 何心隱論

11. 夫婦論

12. 戰國論

13. 雜說

14. 童心說

15. 李中丞奏議序代作

16. 贊劉諧

17. 豫約・感慨平生

18. 寒燈小話（節選）

19. 賈誼

20. 李涉贈盜

21. 爲賦而相灌輸

22. 孔明爲後主寫申韓管子六韜

23. 讀書樂引

24. 與耿克念

25. 與潘雪松

26. 答鄧石陽

27. 聖教小引

28. 三教歸儒說

29. 題孔子像於芝佛院

30. 讀金縢

31. 答鄧石陽（節選）

32. 復鄧石陽（節選）

33. 答耿中丞

34. 因記往事（節選）

35. 讀書樂并引

36. 寄答京友

37. 與友人論文

38. 與焦弱侯（節選）

39. 論交難

40. 盂軻附樂克論（節選）

41. 藏書世紀列傳總目後論（節選）

（二）李贄著作收入當代選集

《中國歷代哲學文選》（上冊），馮契主編。

臺北：紅葉文化出版。出版時間：1993 年。

資料格式：頁 557～564。簡體字，橫書。

收入篇章：〈童心說〉、〈藏書世紀列傳總目前論〉。

附題解、注釋。

封面

內文

《古典文學作品選讀》（下冊）

　　北京：中央民族學院出版社。出版時間：1991 年。

　　資料格式：頁 222～228。簡體字，橫書。

　　收入篇章：〈童心說〉。

　　附李贄簡介、文章注釋、文章簡析。

封面　　　　　　　　　　　　　　　　內文

《歷代名篇賞析集成》（下），袁行霈主編。

　　北京：中國文聯出版社。出版時間：1988 年。

　　資料格式：頁 2135～2141。簡體字，橫排。

　　收入篇章：〈童心說〉。〔註 609〕

書背　　　　　　　　封面　　　　　　　　內文

《中國歷代文學作品選》（下編‧第一冊），朱東潤主編。

　　上海：上海古籍出版。出版時間：1980 年。

〔註 609〕徐仲元撰。

資料格式：頁 202～211。繁體字，橫書。

收入篇章：〈又與焦弱侯〉、〈賈誼〉。

附李贄簡介、文章題解、文章注釋。

封面　　　　　　　　　　　　　內文

《中國歷代文論選》（第 3 冊），郭紹虞主編。

上海：上海古籍社出版。出版時間：1980 年。

資料格式：頁 117～128。繁體字，橫書。

收入篇章：〈童心說〉

附注釋、文章說明。

附〈雜說〉、〈出像評點忠義水滸全書發凡〉（選錄）。

封面　　　　　　　　　　　　　內文

《中國歷代哲學文選‧宋元明》，作者不詳。

臺北：木鐸出版社。出版時間：1980 年。

資料格式：頁 298～312。精裝本。

收入篇章：〈答鄧石陽〉、〈答耿中丞〉、〈夫婦論〉。

封面　　　　　　　　作者　　　　　　　介紹內文

《歷代哲學文選・宋元明》，作者不詳。

臺北：木鐸出版社。出版時間：1980 年。平裝本。頁 298～312。

收入篇章：〈答鄧石陽〉、〈答耿中丞〉、〈夫婦論〉。

封面　　　　　　　作者介紹　　　　　　內文

《中國哲學史資料選輯・宋元明之部》，馮芝生，容肇祖等編。

收入《九思叢書》・第 42 冊，頁 566～599。

臺北：九思出版社。出版時間：1978 年。

收入篇章：〈答鄧石陽〉、〈答耿中丞〉、〈答以女人學道爲見短書〉、
〈何心隱論〉、〈夫婦論〉、〈童心說〉、〈送鄭大姚序〉、〈藏書
世紀列傳總目前論〉、〈藏書世紀列傳總目後論〉、〈藏書德業儒臣

前論〉、〈藏書德業儒臣後論〉、〈藏書司馬相如傳論〉。

 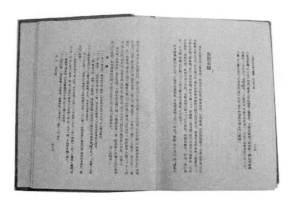

封面　　　　　　　　　　　　內文

第四章　結　論

一、李贄著作的複雜性

（一）李贄之書被查禁、焚燬

李贄的著作非常的複雜，他的著作在明代被禁燬，一次是在萬曆 30 年，一次是在天啓 5 年。到了清代在《禁書總目》、《銷毀抽毀書目》、《違礙書目》、《清代各省禁書彙考》中，有可發現李贄書籍被查禁的記載。因爲李贄的著作列入違礙、查禁、抽毀和全毀者，各不相同，因此必須去區分，哪些書是列入違礙，哪些是書又列入抽毀或全毀？

（二）假托李贄之書

李贄的著作複雜的地方不僅有被查禁、被焚燬的問題，而且還有僞造的問題。僞造又有分全書僞造與部分篇章僞造。全書僞造又可以再區分爲抄襲李贄作品的僞書、冒李贄之名以撰、和先抄襲他人作品再冒充爲李贄所撰。舉例如下：

1. 抄襲李贄作品的僞書：如《熙朝名臣實錄》爲書商假冒焦竑之名，抄襲《續藏書》；《衡鑒》六十八卷抄襲《藏書》。
2. 冒李贄之名以撰：如《疑耀》爲張萱冒李贄之名、《史綱評要》爲吳從先冒名、《四書評》是葉晝冒名。〔註1〕另外《枕中十書》除假冒李贄所作，亦假冒李贄之友袁小脩作序，以取信讀者。
3. 先抄襲他人作品再冒充爲李贄所撰：如李贄《說書》與林兆恩的《四

〔註 1〕　《史綱評要》與《四書評》的僞造，有些學者尚有不同意見。

書正義》的關係。

4. 部分篇章偽造：例如《續藏書》，有學者認爲此書中摻入了後人的作品。
〔註2〕

（三）李贄之書經多人編輯、翻刻

李贄的著作有些是他自己所編輯而後請人刊刻，例如，《藏書》、《焚書》。有些是寫給別人的文章，朋友就逕自刊刻，例如《心經提綱》爲黃安邑侯梓行、《史閣款語》。或是別人慕李贄之名而逕自刊刻，例如，《南詢錄》、《龍溪集》、《三教品》、《道學鈔》、《道古錄》、《明燈錄》等。〔註3〕但大部分的著作是在李贄死後，由他人編輯刊刻的，例如《續焚書》是由李贄門生汪本鈳輯成、《李氏全書》是由湯顯祖編輯。

有些書經過翻刻後，書名就改變了，例如《李氏焚書》變爲《李氏焚餘》，《李氏文集》與《李溫陵集》、《道古錄》與《明燈道古錄》、《老子解》與《道德經解》、《莊子解》與《南華經解》，也是相同的例子。有些書則是經過刪改，雖然名稱相似，但是內容有很大的不同，例如《易因》與《九正易因》。還有些刻本的作者不題「李贄」，而是題「李載贄」或是「李溫陵」。

（四）李贄的著作易與他人著作混淆

李贄的著作易與他人著作混淆，以《老子》一書爲例，李贄曾刊刻蘇轍的《老子解》，並爲此書撰寫〈子由解老序〉；李贄自己的著作有一部《老子解》；李贄《老子解》的評注與文獻資料，被焦竑收入《老子翼》一書。

又例如有一部署名爲李贄所撰的《藏書紀事》一卷，收入於清代焦廷琥編的《仲軒群書雜著》中。據查李贄並沒有寫過這一部書，此書應爲焦廷琥閱讀李贄《藏書》後的筆記或心得，但被誤認爲是李贄所撰。

關於《四書》的書籍也是如此，著錄爲李贄所撰的「四書」相關著作就

〔註2〕 以《續藏書》「陳仁錫刻本」爲例，此版本書後附有陳氏所寫的史事論著，陳
　　　　仁錫在〈續藏書序〉中寫道：「《續藏書》太簡，《獻徵錄》太濫，予莊閒國史、
　　　　天下郡郡邑志乘，旁搜野乘百種，遺文逸事，小有論著，姑就卓吾所纂略爲
　　　　詮次，以附李氏《藏書》之後。」有專家學者認爲，這段序文很明顯的陳述
　　　　了《續藏書》摻入了後人作品的事實。

〔註3〕 馬誠所〈與李麟野都諫轉上蕭司寇書〉：「海內傳先生刻書，若陝西刻《南詢
　　　　錄》、長蘆刻《龍溪集》、徽州刻《三教品》、濟寧刻《道學鈔》、永平刻《道
　　　　古錄》、山西刻《明燈錄》，此皆素與先生不相識面之士夫，喜其書而樂梓之，
　　　　先生不知也。」（見《李溫陵外紀》）

有《李氏說書》與《四書評》兩部；大量引用李贄《四書評》的評語，來作為集評的書籍則有：《四書參》、《四書眼》、《四書眼評》、《四書經正錄》、《慧眼山房說書》、《四書千百年眼》、《論語點睛》、《四書遇》等書。

　　這麼多部與李贄有關的書，令人很容易混淆。

（五）李贄之書版本複雜

　　李贄著作的版本非常複雜，以《藏書》為例，目前可見大約有四十餘種。各大圖書館所著錄的《藏書》古籍版本種類有十多種；在這十多種《藏書》古籍當中，光是著錄為「明萬曆 27 年刊本刊本」的版本，就有五種之多，包括焦竑刊本、金陵刊本二種、焦竑刊余聖久印本（上述四種行格版式皆為 9 行，20 字，白口，四周單邊，單魚尾），另外還有一部藏於中國國家圖書館行格為 8 行 20 字的版本。沈津曾經比較過《藏書》「明萬曆 27 年刊本刊本」各版本的區別，他認為這些相似的版本很難區別孰為原刻、孰為翻刻本。〔註4〕

　　《藏書》除了「明萬曆 27 年刊本刊本」外，尚有「沈汝楫、金嘉謨重訂本」、「陳仁錫評本」、「萬曆間翻刻本」、「明汪脩能刻本」、「清康熙 47 年刻本」、「建陽書坊刻本」……等等。其中「陳仁錫評本」有四種，包括明萬曆間刻本、明天啓元年刻本、明天啓三年刻本與明崇禎刻本，因此還需要區分是原刊本還是重印本；另外「陳仁錫評本」在格式上亦有「六十八卷本」、「六十卷本」、「單行本」、「藏書、續藏書合刻本」的不同，因此也要區分格式上的不同。

　　《藏書》除了上述等多種古籍善本外，影印本與排印本的種類也很多，尤其是排印本，光是「中華書局本」就有許多種，包括《藏書、續藏書》合訂本兩種、《藏書》單行本則有線裝本、二冊本、四冊本、二十冊本、二十五冊本等；另外在台灣還有台灣學生書局翻印「中華書局本」的兩種版本。因此將《藏書》的各種版本，包括古籍善本、影印本、排印本等林林總總加起來，光是在台灣可以查見的資料即有四十餘種。

〔註4〕沈津說：「此本雖作明萬曆 27 年焦竑刻本，然版刻也有其複雜之一面。昔曾見有題此版本者之書十餘部，相比之下竟有四種不同版刻，實難以區別孰為原刻、孰為翻刻。今《中國古籍善本書目》著錄之焦竑刻本，有上海圖書館、南京圖書館等三十六館入藏，然其中也確有不同版刻而無法區分者。」（見《美國哈佛大學哈佛燕京圖書館中文善本書志》，「明萬曆焦竑金陵刻本藏書」條目，頁 104。）

（六）李贄之書常同書異名或同名異書

李贄之書常同書異名，以《藏書》爲例，因此光是此書，就有六個不同
的名稱。《藏書》又稱爲《李氏藏書》，有些書目著錄爲《藏書世紀》、《藏書
紀傳》；也有書籍抄襲此書內容，名爲《衡鑒》；又此書的紀傳部分曾被翻刻
爲《遺史》。

又如《焚書》又名《李氏焚書》、《李氏焚餘》；《道古錄》又名《明燈道
古錄》；《老子解》又名《解老》、《道德經解》；《莊子解》又名《南華經解》；
《卓吾先生李氏叢書》又名《李氏叢書》。

李贄之書有的書名相同，卻是不同內容的書，舉例來說，李贄的著作裡
被稱爲《李氏遺書》的有三部之多。一是《李卓吾先生遺書》，此書內容二卷、
附錄一卷，內容上卷收書答，下卷收雜述和詩，附錄收友人們哀悼與懷念李
贄的文章；一是九卷本《李氏遺書》，內容爲《釋子須知》二卷、《曹氏一門》
二卷、《明詩選》二卷、《淨土決》一卷、《道古錄》二卷。另外還有名字相似
的《李卓吾遺書十二種》，其內容爲《道古錄》二卷、《心經提綱》一卷、《觀
音問》一卷、《老子解》一卷、《莊子解》二卷、《孫子參同》三卷、《墨子批
選》二卷、《因果錄》三卷、《淨土訣》一卷、《闇然錄最》四卷、《三教品》
一卷、《永慶答問》一卷。

（七）李贄著作常被一書多收或一文多收

李贄的書因爲經過許多人編輯，常常篇幅較小的書會被收入叢書中，或
是與他書合刻。舉例來說，《觀音問》最初可能有過單行本，但沒有流傳下來；
現在要查閱此書，必須要找《李溫陵集》第六卷、《李氏文集》第六卷、《焚
書》第四卷，或是《李氏叢書十二種》、《李卓吾遺書十二種》。

《心經提綱》也如《觀音問》一般，此書現無單行本，而是被收入於《李
溫陵集》第九卷、《李氏文集》第九卷、《焚書》第三卷、《李氏叢書十二種》
中；又《心經提綱》屬釋家類，因此也被收入《徑山藏》、《楞嚴方冊藏》、《大
日本續藏經》、《卍續藏經》、《新纂卍續藏》、《頻伽大藏經》等藏經中。

李贄小篇幅的書會被一書多收，單篇文章則有一文多收的情形。例如，〈批
下學上達語〉收入於《焚書》卷四，同時收入於《大雅堂訂正枕中十書》與
《李卓吾先生秘書八種》。

李贄的文章除了有一篇文章同時被多本書收入的情形發生外，還有同一
篇文章，有時篇名相同、有時篇名會不同、有時會被節錄、有時會被刪改，

狀況各有不同，需要仔細的比對。

　　例如，〈兵食論〉，此篇原是《藏書》卷四十三・儒林傳・〈張載傳〉的傳論，但它同時也被收入《焚書》卷三、《李氏說書・孟子下孟》中；並且此篇在《李氏說書》中，不以〈兵食論〉為篇名，而在文章開頭題：「以佚道使民，雖勞不怨；以生道殺民，雖死不怨殺者。」又例如〈夫婦篇總論〉，此篇原為《初潭集》卷一〈夫婦篇〉的總論，但《焚書》卷三亦有收此篇，並改名為〈夫婦有感〉，題下添加「因畜有感」四字。

　　有時兩篇不一樣的文章，可是有意思上的承接關係；或是某文的內容是為了甲書而寫，卻被收入乙書。例如〈阿寄傳〉原收入於《闇然錄最》，後來又收入於《焚書》，此篇的評論部分則被收入《續藏書》卷二十五。又例如，〈提綱說〉，是李贄因為黃安邑侯要刊刻《心經提綱》而做。《心經提綱》被收入《焚書》卷三、《李溫陵集》卷九、《李氏文集》卷九、《李氏叢書》中；而〈提綱說〉卻只被收入《李溫陵集》卷九、《李氏文集》卷九中；因此若同時要看《心經提綱》與〈提綱說〉，可能要查閱兩部書。

二、李贄著作的現況

（一）現代李贄著作使用的便利性

　　李贄的研究在當代是顯學，研究李贄的學者非常多，既然要研究李贄，首先必須要擁有李贄的書籍。閱讀過李贄的書籍，才知道李贄的思想，才能對李贄作研究。所以，我們必須先知道坊間有多少李贄的書籍？目前研究李贄的學者最常用的基本文獻有下列幾種，排列後分析如下：

1. 廈門大學歷史系編的《李贄研究參考資料》1～3冊，這套書是李贄的相關資料彙編。

2. 張建業主編的《李贄文集》，這套書收入了李贄的著作十六部，包括《焚書》、《續焚書》、《藏書》、《續藏書》、《初潭集》、《四書評》、《史綱評要》、《老子解》、《莊子解》、《九正易因》、《因果錄》、《永慶答問》、《祚林紀譚》、《道古錄》、《闇然錄最》、《孫子參同》。

3. 中華書局的李贄著作排印本，包括《史綱評要》、《焚書》、《續焚書》、《藏書》、《續藏書》、《初潭集》，共六部。

4. 收入「四庫學叢書」的影印本。包括：

　　（1）《續修四庫全書》所收的《九正易因》、《四書評》、《李氏續焚書》、

《藏書》、《續藏書》、《初潭集》、《李溫陵集》，共七部。

（2）《四庫全書存目叢書》所收的《九正易因》、《藏書》、《續藏書》、《初潭集》、《李溫陵集》，共五部。

（3）《四庫禁燬書叢刊》所收的《李氏焚書》、《李氏續焚書》、《李卓吾先生遺書》、《李溫陵外紀》、《大雅堂訂正枕中十書》，共五部。

5. 2008 年有新出版的《回族典藏全書》也有收入不少李贄的作品，包括《史綱評要》、《焚書》、《李氏續焚書》、《藏書》、《續藏書》、《初潭集》、《李溫陵集》，等 7 部。

6. 在資料庫方面「中國基本古籍庫」有收收入的李贄作品包括《焚書》、《續焚書》、《九正易因》、《藏書》、《續藏書》、《李溫陵集》、《初潭集》、《山中一夕話》，等八部。

（二）目前最完備的李贄著作排印本：《李贄文集》

李贄的著作因為散落於各處，因此要查找不太容易。就查找的方便性而言，目前最普遍與最易閱讀的，莫過於張建業所主編的《李贄文集》。張建業是目前大陸上研究李贄的專家，這一套叢書是他的代表著作之一。《李贄文集》是目前唯一的一套經過系統整理的李贄著作，共有七冊，它收入了李贄的十六部著作，包括《焚書》、《續焚書》、《藏書》、《續藏書》、《初潭集》、《四書評》、《史綱評要》、《老子解》、《莊子解》、《九正易因》、《因果錄》、《永慶答問》、《祚林紀譚》、《道古錄》、《闇然錄最》、《孫子參同》。

這一套叢書的優點是排版方式採橫排簡體字，對於大陸民眾而言，是非常親切、容易閱讀的。這一套叢書所收入李贄著作的數量，也是目前最多的，共有十六部，李贄的主要思想著作皆有收入，不需要跑遍各大圖書館查找，因此它對於李贄的著作普及，與其思想推廣有極大的貢獻。

在缺點方面，《李贄文集》原先規劃應該是要編一部李贄的總集，其中包含李贄所有的思想文字。但事實上《李贄文集》並沒有收齊李贄所有的著作，最明顯的是有關宗教思想，特別是李贄有許多關於佛教思想的作品，它都沒有收入，包括《卓吾老子三教妙述》、《三教品》、《釋子須知》、《般若心經提綱》、《淨土決》、《華嚴經合論簡要》等。不收佛教思想著作的原因，筆者猜想可能與共產黨的無神論思想的背景有關。

其次，《李贄文集》這部叢書的校勘整理大半以當代排印本為底本，或是以當代排印本為參校本，而非全以古籍善本為底本來進行校勘。舉例來說，《藏

書》是劉幼生、夏連保、李著鵬、關耀輝等人，依據 1974 年中華書局排印本校刊整理；《焚書》、《續焚書》是劉幼生以明刻本爲底本，參校 1975 年中華書局排印本、嶽麓書社排印本、北京燕山出版社排印本，整理而成。雖然說中華書局出版的書水準一流，但是要整理古籍，筆者認爲還是應該要從古籍善本入手。

（三）品質最好的李贄著作排印本：中華書局排印本

中華書局出版了李贄的數本著作，並將其點校出版成爲排印本，這對一般讀者在閱讀方便上貢獻很大。他們的排印本在所有的排印本中是品質最好、水準最高、校對最精良的。中華書局出版本包括《史綱評要》、《焚書》、《續焚書》、《藏書》、《續藏書》、《初潭集》，共六部。

因爲中華書局的書太好了，這樣也造成一個不好的弊病，那就是其他出版社想要出版同樣的書時，常會爲了省時或方便，就直接拿中華書局的書當作底本，或甚至直接翻印。舉例來說，中華書局版的《藏書》，被臺灣學生書局拿來翻印成兩種包裝的書；並且被《李贄文集》拿來當作《藏書》底本，再稍加整理，把直排變橫排，繁體字變簡體字。大陸出版的書也有翻印中華書局版本的情形，例如，《回族典藏全書》中所收入的《史綱評要》，就是翻印中華書局的《史綱評要》。

類似這樣的情形，在李贄的著作中出現許多次。筆者認爲翻印書本不但不尊重著作權，而且若是中華書局本有錯誤，其他後出之書不是又再重複錯誤嗎？雖然中華書局本品質好，但是只要是人工做出的，都有出錯的可能，這種可能性不能排除的。

（四）最普遍的李贄著作影印本：「四庫學叢書」影印本

李贄的《李溫陵集》，這是學者們公認最完整的李贄文集，《焚書》的校刊都要靠這一本書，研究李贄的人應該首要查閱此書。但是此書目前沒有排印本怎麼辦？

當讀者覺得光是排印本已不足夠使用，或是根本沒有書局出版排印本時，古籍原書又難以取得，那麼這時就要去找影印本了。目前最方便查找的影印本當屬「四庫類書」，因爲這幾套叢書研究型的圖書館大多會收藏。李贄著作被收入「四庫類書」的影印本。包括：

1. 《續修四庫全書》所收的《九正易因》、《四書評》、《李氏續焚書》、《藏

書》、《續藏書》、《初潭集》、《李溫陵集》，共七部。

2. 《四庫全書存目叢書》所收的《九正易因》、《藏書》、《續藏書》、《初潭集》、《李溫陵集》，共五部。

3. 《四庫禁燬書叢刊》所收的《李氏焚書》、《李氏續焚書》、《李卓吾先生遺書》、《李溫陵外紀》、《大雅堂訂正枕中十書》，共五部。

（五）最方便檢索的李贄著作資料庫：中國基本古籍庫

「北京愛如生中國古籍資料庫」中的「中國基本古籍庫」非常好用，它收入的李贄作品包括《焚書》、《續焚書》、《九正易因》、《藏書》、《續藏書》、《李溫陵集》、《初潭集》、《山中一夕話》等八部。它是採取仿古書排版方式，以繁體字、標楷體、豎排，標題用粗體字，卷數與小目用紅字標出，甚至還有電腦繪出的書名封面，整個版面的設計非常美觀。在功能性方面也很體貼人性，它可以條目檢索、類目檢索、全文檢索，也可以原文打印或轉換為電子檔，可以直接作版本比對或圈點眉批，甚至可以改變背景或做字體轉換。缺點是所收書籍的序文，只有書影，而無檢索功能。

中國基本古籍庫：全文檢索　　　中國基本古籍庫：版本互相校對

（六）其他的數位影像系統

現在許多私人機構和圖書館在作電子影像數位化的工作，像是付費或授權後可以觀看全文，例如北京愛如生「中國基本古籍庫」、國家圖書館「古籍影像檢索系統」、中央研究院歷史語言研究所「善本圖集影像檢索系統」；或是在網路上直接可以見到部分書影的，如「東洋文化研究所所藏漢籍目錄」、國立故宮博物院「善本古籍資料庫」等。這些資料庫給予筆者很大的幫助，有很多善本古籍因為時空的限制，無法親眼過錄，現在可以藉著電子影像檔，

直接在電腦上比對版本，提供很大的方便性。

國家圖書館・古籍影像檢索系統

香港中文大學圖書館中國古籍庫

國立故宮博物院「善本古籍資料庫」

東洋文化研究所所藏漢籍目錄

參考文獻

一、古代專書

（一）古籍善本

1. 〔明〕李贄撰，《李氏焚書》六卷，明刻本。
2. 〔明〕李贄撰，《續焚書》五卷，明刻本。
3. 〔明〕李贄撰，《李卓吾先生遺書》，明萬曆 40 年陳大來刊本。
4. 〔明〕李贄撰，《李氏藏書》六十八卷，明萬曆 27 年焦竑刻本。
5. 〔明〕李贄撰，《李氏焚書》六卷，明萬曆 28 年蘇州刻本。
6. 〔明〕李贄撰，《李氏焚餘》六卷，明刊本。
7. 〔明〕李贄撰，《續藏書》，明萬曆 39 年王惟儼刻本。
8. 〔明〕李贄撰，《藏書紀傳》六十八卷，目錄一卷，明刊本。
9. 〔明〕李贄撰，《遺史》六十卷，明萬曆間初刊本。
10. 〔明〕李贄撰，《李卓吾先生批評忠義水滸傳》，明萬曆 38 年容與堂刊本。
11. 〔明〕李贄撰，《續藏書》，明萬曆 39 年王惟儼刻本。
12. 〔明〕李贄撰，《道德經解》一卷，明刊本，李氏叢書。
13. 〔明〕李贄撰，《李卓吾先生批評忠義水滸傳全書》，明萬曆 42 年袁無涯刊本。
14. 〔明〕李贄撰，《心經提綱》一卷，明刊本，李氏叢書。
15. 〔明〕李贄，劉東星撰，《明燈道古錄》二卷，明萬曆間刊本。
16. 〔明〕李贄撰，《初潭集》，明萬曆間閔氏刻本。
17. 〔明〕李贄撰，《李氏焚書》六卷，清光緒 34 年上海國學保存會鉛印本，國粹叢書，第 1 集。
18. 〔明〕李贄撰，《李氏焚書》六卷，《附校勘記》一卷，清宣統～民國間鉛印本，陝西教育圖書社出版。

19. 〔明〕李贄撰，阿英校點，《李氏焚書》六卷，民國 25 年上海貝葉山房排印本，上海，上海雜誌出版，1936 年，中國文學珍本叢書・第 1 輯・第 27 種。

20. 〔明〕李贄撰，《李氏說書》六卷，明王敬宇刊本。

21. 〔明〕李贄撰，《大雅堂訂正枕中十書》十卷，明大雅堂刊本。

22. 〔明〕潘曾紘編，《李溫陵外紀》，明刊本。

23. 〔宋〕蘇轍撰，〔明〕李贄選輯，《老子解》，萬曆 9 年刊本。

24. 〔宋〕蘇轍注本，《道德經》，明吳興凌氏刊朱墨套印本。

25. 〔明〕焦竑，《老子翼》，明萬曆間（1573～1620）原刊本。

26. 〔明〕焦竑，《老子翼》，金陵叢書本。

27. 陳仁錫，《無夢園集》，明刊本。

28. 〔明〕顧大韶，《顧仲恭文集》，明刊本。

29. 〔明〕陳建撰，〔明〕李贄評點，《新鍥李卓吾先生增補批點皇明正續合併通紀統宗》，日本元祿九年林九兵衛刊本。

（二）影印本

1. 〔明〕李贄撰，《易因上經》三卷，《易因下經》三卷，臺北，文成，1976 年，無求備齋易經集成，第 54 冊。

2. 〔明〕李贄撰，《易因上經》三卷，《易因下經》三卷，臺北，新文豐，1985 年，正統道藏・續道藏・家字號，第 59 冊。

3. 〔明〕李贄撰，《九正易因》不分卷，上海，上海古籍，1995 年，續修四庫全書・經部・易類，第 9 冊。

4. 〔明〕李贄撰，《九正易因》不分卷，臺南，莊嚴，1997 年，四庫全書存目叢書・經部易類，第 6～7 冊。

5. 〔明〕李贄撰，《陽明先生年譜》，北京，北京圖書館，1999 年，北京圖書館珍藏本年譜叢刊，第 43 冊。

6. 〔明〕李贄撰，《陽明先生年譜》二卷，北京，北京圖書館，2005 年，宋明理學家年譜〔一〕，第 11 冊。

7. 〔明〕李贄撰，《李溫陵集》二十卷，全 2 冊，臺北，文史哲，1971 年，中國文史哲資料叢刊，第 12 冊。

8. 〔明〕李贄撰，《李溫陵集》，二十卷，上海，上海古籍，1995 年，續修四庫全書・集部，第 1352 冊，頁 1～298。

9. 〔明〕李贄撰，《李溫陵集》二十卷，臺南，莊嚴文化事業，1997 年，四庫全書存目叢書・集部別集類，第 126 冊，頁 153～449。

10. 〔明〕李贄撰，《李溫陵集》二十卷，蘭州，甘肅文化出版社、寧夏人民

出版社,回族典藏全書,第 84～86 冊,2008 年。

11. 〔明〕李贄撰,《李卓吾先生遺書》二卷,附一卷,北京,北京出版社,2005 年,四庫禁燬書叢刊・補編,第 72 冊。

12. 〔明〕李贄撰,《藏書》六十八卷,上海,上海古籍,1995 年,續修四庫全書・史部・別史類,第 301～302 冊。

13. 〔明〕李贄撰,《藏書》六十八卷,臺南,莊嚴,1996 年,四庫全書存目叢書・史部・別史類,第 23～24 冊。

14. 〔明〕馬李贄撰,《藏書》六十八卷,蘭州,甘肅文化、寧夏人民,2008 年,回族典藏全書,第 64～74 冊。

15. 〔明〕李贄撰,《老子解》二卷,臺北,藝文印書館,1965 年,百部叢書集成・初編,第 136 冊百部叢書集成・十八;寶顏堂秘笈 31・第 18 函・第 11 冊。

16. 〔明〕李贄撰,《老子解》二卷,臺北,藝文印書館,1965 年,無求備齋老子集成・初編 71:第 10 函。

17. 〔明〕李贄撰,《老子解》二卷,臺北,藝文印書館,1965 年,無求備齋老子集成・初編 72:第 11 函。

18. 〔明〕李贄撰,《道德經解》,成都,巴蜀書社,1992 年,藏外道書,第 1 冊。

19. 〔明〕李贄撰,《道德經解》,臺北,新文豐,1999 年,中華續道藏・初輯,第 8 冊。

20. 〔明〕李贄撰,《莊子解》二卷,臺北,藝文印書館,1972 年,無求備齋・莊子集成・續編 18。

21. 〔明〕李贄撰,《莊子解》二卷,臺北,新文豐,1999 年,中華續道藏・初輯,第 14 冊。

22. 〔明〕李贄撰,《心經提綱》,成都,巴蜀書社,1992 年,藏外道書,第 1 冊。

23. 〔明〕李贄撰,《心經提綱》,北京,九洲圖書,2000 年,頻伽大藏經,第 123 冊。

24. 〔明〕李贄撰,《華嚴經合論簡要》四卷,北京,九洲圖書,2000 年,頻伽大藏經,第 103 冊。

25. 〔明〕李贄撰,《淨土決》一卷,北京,九洲圖書,2000 年,頻伽大藏經,第 160 冊。

26. 〔明〕李贄撰,《淨土決》一卷,北京,全國圖書館文獻縮微複製中心,2003 年,中國佛教經典叢刊・淨土宗大典,第 10 冊。

27. 〔明〕李贄,〔明〕劉東星撰,《道古錄》二卷,上海,上海古籍,1997 年,續修四庫全書・子部・雜家類,第 1127 冊。

28. 〔明〕李贄撰,《明燈道古錄》,臺北,廣文書局,1983 年。

29. 〔明〕李贄撰,《明燈道古錄》,臺北,中國子學名著集成編印基金會,1978 年,中國子學名著集成·珍本初編·儒家子部,第 43 冊。

30. 〔明〕李贄撰,〔明〕閔于忱輯,《孫子參同》五卷。,北京,北京圖書館,2002 年,中華再造善本·明代編·子部。

31. 〔明〕李贄撰,〔明〕閔于忱輯,《孫子參同》五卷,臺南,莊嚴,1996 年,四庫全書存目叢書·子部·兵家類,第 30 冊。

32. 〔明〕李贄批釋,《孫子參同》五卷,北京,解放軍,瀋陽,遼寧書社,1990 年,中國兵書集成·第 12 冊。

33. 〔明〕李贄撰,《孫子參同》五卷,濟南,齊魯書社,1993 年,孫子集成,第 8 冊。

34. 〔明〕李贄撰,《李卓吾孫子參同》三卷,海口,海南,2001 年,故宮珍本叢刊·第 352 冊·子部·兵家。

35. 〔明〕李贄撰,《初潭集》三十卷,上海,上海古籍,1995 年,續修四庫全書·子部·雜家類,第 1188～1189 冊。

36. 〔明〕李贄撰,《初潭集》三十卷,臺南,莊嚴,1995 年,四庫全書存目叢書·子部雜家類,子 124 冊。

37. 〔明〕馬李贄撰,《初潭集》三十卷,3 冊,蘭州,甘肅文化、寧夏人民,2008 年,回族典藏全書,第 157～159 冊。

38. 〔明〕李贄撰,《李溫陵集》,上海,上海古籍,1995 年,續修四庫全書·集部,第 1352 冊。

39. 〔明〕李贄撰,《李溫陵集》,臺南,莊嚴,1997 年,四庫全書存目叢書·集部別集類,集 126 冊。

40. 〔明〕李贄撰,《李溫陵集》二十卷,2 冊,臺北,文史哲,1971 年,中國文史哲資料叢刊,第 12 冊。

41. 〔明〕李贄撰,《李溫陵集》二十卷,蘭州,甘肅文化、寧夏人民,2008 年,回族典藏全書,第 84～86 冊。

42. 〔明〕李贄撰,《李氏焚書》六卷,北京,北京出版社,2000 年,四庫禁燬書叢刊·集部,第 140 冊。

43. 〔明〕馬李贄撰,《焚書》六卷,蘭州,甘肅文化,2008 年,回族典藏全書,第 160 冊。

44. 〔明〕李贄撰,《李氏續焚書》五卷,上海,上海古籍,1995 年,續修四庫全書·集部·別集類,第 1352 冊。

45. 〔明〕李贄撰,《李氏續焚書》五卷,北京,北京出版社,2005 年,四庫禁燬書叢刊·補編,第 72 冊。

46. 〔明〕馬李贄撰,《李氏續焚書》五卷,蘭州,甘肅文化、寧夏人民,2008年,回族典藏全書,第 161 冊。

47. 〔明〕李贄撰,《續藏書》,上海,上海古籍,1995 年,續修四庫全書‧史部‧別史類,第 303 冊。

48. 〔明〕李贄撰,《續藏書》,臺南,莊嚴,1997 年,四庫全書存目叢書‧史部‧別史類,第 24 冊。

49. 〔明〕李贄撰,《續藏書》二十七卷,蘭州,甘肅文化、寧夏人民,2008年,回族典藏全書,第 75～80 冊。

50. 〔明〕李贄撰,《四書評》十九卷,上海,上海古籍,1995 年,續修四庫全書‧經部‧四書類,第 161 冊。

51. 〔明〕李贄撰,《四書評》,上海,上海人民,1975 年。

52. 〔明〕李贄撰,《大雅堂訂正枕中十書》十卷,北京,北京出版社,2005年,四庫禁燬書叢刊‧補編,第 35 冊。

53. 〔明〕張萱撰,嚴一萍選輯,《疑耀》七卷,臺北,藝文印書館,1968年,原刻景印百部叢書集成 93;嶺南遺書 11;第 3 函。

54. 〔明〕張萱撰,《疑耀》七卷,臺北,臺灣商務印書館,1983 年,景印文淵閣四庫全書,第 856 冊。

55. 〔明〕張萱撰,《疑耀》,北京,中華書局出版,1985 年,叢書集成‧初編,第 340～341 冊。

56. 〔明〕李贄撰,《李卓吾先生批評忠義水滸傳》,明萬曆 38 年容與堂刊本。

57. 〔明〕李贄撰,《李卓吾先生批評忠義水滸傳全書》,明萬曆 42 年袁無涯刊本。

58. 〔明〕李玉,《萬里圓》,李玉戲劇集,上海,上海古籍出版社,2004 年。

59. 〔明〕焦竑,《老子翼》,臺北,新文豐,叢書選集,1987 年,第 113～114 冊。

60. 〔清〕周學曾等纂修,《晉江縣志》,福州,福建人民,1990 年。

61. 〔清〕郝玉麟等修,《福建通志》七十八卷,北京,商務印書館,2005年,文津閣四庫全書‧史部‧地理類,第 178 冊。

62. 〔明〕張居正等撰,《明世宗實錄》,臺北,中央研究院歷史語言研究所,1984 年。

63. 〔清〕懷陰布修,《乾隆泉州府志》七十六卷,首一卷,上海,上海書店,2000 年,中國地方志集成‧福建府縣志輯,第 22～24 冊。

（三）排印本

1. 〔明〕李贄撰;孔令宏點校,《易因》六卷,北京,華夏,2004 年,中華道藏‧第二部類‧四輔真經,第 17 冊。

2. 〔明〕李贄撰,《九正易因》,北京,社會科學文獻,2000 年,李贄文集,第七卷。

3. 〔明〕李贄撰,《九正易因》,共 3 冊,聚文書局,2002 年。

4. 〔明〕李贄撰,《焚書、續焚書》,全 1 冊,北京,中華書局,1961 年,1974 年,1974 年,1975 年,1988 年。

5. 〔明〕李贄著,〔日〕增井経夫訳譯,《焚書》,東京,平凡社,1969 年。

6. 〔明〕李贄撰,《焚書》,全 3 冊,北京,中華書局,1974 年。

7. 〔明〕李贄撰,《焚書》六卷,增補二卷,全 1 冊,臺北,河洛圖書,1974 年,中國哲學叢書·宋明哲學·子部。

8. 〔明〕李贄撰,《焚書》,北京,社會科學文獻,2000 年,李贄文集,第 1 卷。

9. 〔明〕李贄,《李氏焚書、續焚書》,京都,中文出版社,1971 年。

10. 〔明〕李贄撰,夏劍青點校,《焚書、續焚書》,長沙,嶽麓書社,1990 年,古典名著普及文庫。

11. 〔明〕李贄撰,張業編,《焚書、續焚書》,北京,北京燕山,1998 年,李贄文集。

12. 〔明〕李贄撰,《焚書》,北京,藍天,1998 年,傳世名著百部·第 51 卷。

13. 〔明〕李贄撰,《續焚書》,1 冊,北京,中華書局,1959 年。

14. 〔明〕李贄撰,《續焚書》,1 冊,北京,中華書局,1961 年、1974 年、1975 年、1988 年。

15. 〔明〕李贄撰,《續焚書》,2 冊,北京,中華書局,1974 年。

16. 〔明〕李贄撰,《續焚書》,北京,社會科學文獻,2000 年,李贄文集,第 1 卷。

17. 〔明〕李贄撰,《藏書》六十八卷、《續藏書》二十七卷,全 6 冊,北京,中華書局,1951 年,1959 年,1962 年,1963 年,1974 年。

18. 〔明〕李贄撰,《藏書》六十八卷、《續藏書》二十七卷,全 3 冊,北京,中華書局,1959 年。

19. 〔明〕李贄撰,《藏書》,全 4 冊,北京,中華書局,1959 年,1974 年。

20. 〔明〕李贄撰,《藏書》,全 4 冊,北京,中華書局,1962 年。

21. 〔明〕李贄撰,《藏書》,全 2 冊,臺北,臺灣學生書局,1974 年。

22. 〔明〕李贄撰,《藏書》,全 2 冊,臺北,臺灣學生書局,1974 年,1986 年,中國史學叢書·續編·第 33 種。

23. 〔明〕李贄撰,《藏書》,北京,社會科學文獻,2000 年,李贄文集第 2～3 卷。

24. 〔明〕李贄撰,《老子解》,北京,社會科學文獻,2000 年,李贄文集,第 7 卷。

25. 〔明〕李贄撰,《莊子解》,北京,社會科學文獻,2000 年,李贄文集,第 7 卷。

26. 〔明〕李贄撰,《因果錄解》,北京,社會科學文獻,2000 年,李贄文集,第 7 卷。

27. 〔明〕李贄撰,《永慶答問》,北京,社會科學文獻,2000 年,李贄文集,第 7 卷。

28. 〔明〕李贄撰,《祚林紀譚》,北京,社會科學文獻,2000 年,李贄文集,第 7 卷。

29. 〔明〕李贄撰,《道古錄》,北京,社會科學文獻,2000 年,李贄文集,第 7 卷。

30. 〔明〕李贄撰,《閣然錄最》,北京,社會科學文獻,2000 年,李贄文集,第 7 卷。

31. 〔明〕李贄撰,《孫子參同》,北京,社會科學文獻,2000 年,李贄文集,第 7 卷。

32. 〔明〕李贄撰,《初潭集》,北京,社會科學文獻,2000 年,李贄文集,第 5 卷。

33. 〔明〕李贄撰,《初潭集》,2 冊,北京,中華書局,1974 年。

34. 〔明〕李贄撰,《初潭集》,臺北,漢京,1982 年,四部刊要‧子部‧儒學類。

35. 〔明〕李贄撰,《初潭集》,北京,北京燕山,1998 年,李贄文集。

36. 〔明〕李贄撰,《初潭集》,臺北,人文世界雜誌社,1975 年。

37. 〔明〕李贄撰,《續藏書》,2 冊,北京,中華書局,1959 年、1960 年、1974 年。

38. 〔明〕李贄撰,《續藏書》(大字本),2 冊,北京,中華書局,1974 年。

39. 〔明〕李贄撰,張光澍點校,《續藏書》,1 冊,北京,中華書局,1959 年。

40. 〔明〕李贄撰,《續藏書》(大字本),11 冊,北京,中華書局,1974 年。

41. 〔明〕李贄撰,《續藏書》,臺北,臺灣學生書局出版,1974 年。

42. 〔明〕李贄撰,《續藏書》二十七卷,臺北,臺灣學生書局,1974 年,中國史學叢書‧續編,第 33 種。

43. 〔明〕李贄撰,《續藏書》二十七卷,臺北,明文書局,1991 年,明代傳記叢刊‧綜錄類,第 16～17 冊。

44. 〔明〕李贄撰,《續藏書》,北京,社會科學文獻,2000 年,李贄文集,

第 4 卷。

45. 〔明〕李贄撰,《四書評》,北京,社會科學文獻,2000 年,李贄文集,第 5 卷。

46. 〔明〕李贄評點,《論語》,武漢,湖北辭書,1995 年、1997 年,古籍今讀精華系列‧品書四絕。

47. 〔明〕李贄評點,《論語》,武漢,崇文書局,2004 年,崇文齋‧古籍今讀精華系列。

48. 〔明〕李贄撰,《史綱評要》,北京,社會科學文獻,2000 年,李贄文集,第 6 卷。

49. 〔明〕李贄撰,《史綱評要》,3 冊,北京,中華書局,1973 年、1974 年。

50. 〔明〕李贄撰,《史綱評要》,10 冊,北京,中華書局,1974 年。

51. 〔明〕李贄撰,《史綱評要》,台北,大通書局,1975 年。

52. 〔明〕李贄撰,《史綱評要》,台北,河洛圖書,1976 年,卓吾二書。

53. 〔明〕李贄撰,《史綱評要》,3 冊,蘭州,甘肅文化、寧夏人民,2008 年,回族典藏全書,第 81～83 冊。

（五）當代選集

1. 〔明〕李贄,《卓吾二書》,臺北,河洛圖書出版社,1976 年,夏學叢書。

2. 〔明〕李贄撰,陳蔚松等譯,《李贄文選譯》,成都,巴蜀書社,1994 年,古代文史名著選譯叢書。

3. 〔明〕李贄撰,李敖編,《李溫陵集》,臺北,遠流,1983 年,中國名著精華全集,第 12 冊。

4. 〔明〕李贄撰,張業整理,《李贄文集》,2 冊,北京,北京燕山,1998 年。

5. 〔明〕李贄撰,《李卓吾詩集》,石家莊,河北人民,1991 年,鄭振鐸世界文庫,第 7 冊。

6. 〔明〕李贄撰,《李卓吾詩集》,臺北,啟明書局,1960 年,世界文學大系‧中國之部,第 1 冊。

7. 〔明〕李贄撰,《李氏尺牘》,2 冊,石家莊,河北人民,1991 年,鄭振鐸世界文庫,第 8～9 冊。

8. 〔明〕李贄撰,《李卓吾尺牘》,臺北,啟明書局,1960 年,世界文學大系‧中國之部,第 2 冊。

9. 〔明〕李贄撰,《李氏雜述》,2 冊,石家莊,河北人民,1991 年,鄭振鐸世界文庫,第 11～12 冊。

10. 〔明〕李贄撰,《李氏雜述》,臺北,啟明書局,1961 年,世界文學大系‧

中國之部・筆記尺牘,第 2 冊。

11. 〔明〕李贄撰,張凡編注,《李贄散文選註》,北京,北京師範大學,1991 年。

12. 〔明〕李贄著,山東師範學院中文系《李贄著作選主》注釋組編,《李贄著作選注》,濟南,山東人民,1976 年。

13. 〔明〕李贄撰,李贄著作選注小組編,《李贄著作選注》,上冊,北京,北京人民,1975 年。

14. 〔明〕李贄撰,北京第一機狀廠工人理論組選注;北京大學中文系文學專業七十二級工農兵學員選注,《李贄文選讀》,北京,人民文學,1975 年。

15. 馮契主編,《中國歷代哲學文選》,上冊,臺北,紅葉文化,1993 年。

16. 袁行霈主編,《歷代名篇賞析集成》,下冊,北京,中國文聯,1988 年。

17. 朱東潤主編,《中國歷代文學作品選》,下編,第 1 冊,上海,上海古籍,1980 年。

18. 郭紹虞主編,《中國歷代文論選》,第 3 冊,上海,上海古籍,1980 年。

19. 作者不詳,《中國歷代哲學文選》,宋元明篇,臺北,木鐸,1980 年。

20. 作者不詳,《歷代哲學文選》,宋元明篇,臺北,木鐸,1980 年。

21. 馮芝生,容肇祖等編,《中國哲學史資料選輯》,宋元明之部,臺北,九思,1978 年,九思叢書。

(四) 電子文獻

1. 〔明〕李贄撰,《九正易因》不分卷,合肥,黃山書社,2008 年,中國基本古籍庫・哲科庫・思想類・經學思想目:00419

2. 〔明〕李贄撰,《李溫陵集》二十卷,合肥,黃山書社,2008 年,中國基本古籍庫・藝文庫・文學類・詩文別集目:06654

3. 〔明〕李贄撰,《李溫陵集》二十卷,北京,全國圖書館文獻縮微中心,縮微膠片,2001 年

4. 〔明〕李贄撰,《焚書》六卷,合肥,黃山書社,2008 年,中國基本古籍庫・哲科庫・思想類・諸子思想目:01200

5. 〔明〕李贄撰,《續焚書》五卷,合肥,黃山書社,2008 年,中國基本古籍庫・哲科庫・思想類・諸子思想目:01201

6. 〔明〕李贄撰,《藏書》六十八卷,合肥,黃山書社,2008 年,中國基本古籍庫・史地庫・歷史類別史載記目:03335

7. 〔明〕李贄撰,《藏書》,合肥,黃山書社,2008 年,中國基本古籍庫・哲科庫・思想類・諸子思想目:01199

8. 〔明〕李贄撰,《李溫陵集》二十卷,合肥,黃山書社,2008 年,中國基本古籍庫‧藝文庫‧文學類‧詩文別集目;06654

9. 〔明〕李贄撰,《李溫陵集》二十卷,北京,全國圖書館文獻縮微中心,2001 年,縮微膠片

10. 〔明〕李贄撰,《焚書》六卷,合肥,黃山書社,2008 年,中國基本古籍庫‧哲科庫‧思想類‧諸子思想目;01200

11. 〔明〕李贄撰,《續焚書》五卷,合肥,黃山書社,2008 年,中國基本古籍庫‧哲科庫‧思想類‧諸子思想目;01201

12. 〔明〕李贄撰,《續藏書》二十七卷,合肥,黃山書社,2008 年,中國基本古籍庫‧史地庫‧歷史類‧別史載記目;03334

13. 〔明〕張萱撰,《疑耀七卷》,合肥,黃山書社,2008 年,中國基本古籍庫‧史地庫‧歷史類‧雜錄瑣聞目;04213

14. 〔明〕李贄撰,《心經提綱》,中華電子佛典協會,卍新纂續藏經‧第 26 冊‧No.543,http://www.cbeta.org/result/normal/X26/0543_001.htm

15. 〔明〕李贄撰,《華嚴經合論簡要》,中華電子佛典協會,卍新纂續藏經‧第 4 冊‧No.225,http://www.cbeta.org/result/normal/X04/0225_001.htm

16. 〔明〕李贄撰,《淨土決》,中華電子佛典協會,卍新纂續藏經‧第 61 冊‧No.1157,http://www.cbeta.org/result/X61/X61n1157.htm

17. 北京師聯教育科學研究所編選,《李贄批判儒學教育思想與《焚書》選讀》,北京,中國環境科學、學苑音像,2006 年

二、工具書

1. 〔清〕紀昀總纂,《欽定四庫全書總目》,北京,中華書局,1997 年。

2. 〔清〕莫友芝撰,傅增湘訂補,《藏園訂補‧邵亭知見傳本書目》,北京,中華書局,1993 年。

3. 〔清〕黃虞稷撰,瞿鳳起,潘景鄭整理,《千頃堂書目》三十二卷,上海,上海古籍,2001 年。

4. 〔明〕焦竑撰,《國史經籍志》,臺北,新文豐,1985 年。

5. 張壽平,《書目五編》,臺北,廣文書局,1972 年。

6. 內閣文庫編,《內閣文庫漢籍分類目錄》,臺北,進學,1970 年。

7. 三宅少太郎編,《尊經閣文庫目錄》,東京,尊經閣文庫,1935 年。

8. 雷夢辰,《清代各省禁書彙考》,北京,書目文獻出版社,1989 年。

9. 國家圖書館特藏組編,《國家圖書館善本書志初稿》,臺北國家圖書館 1999 年。

10. 北京大學圖書館編,《北京大學圖書館藏古籍善本書目》,北京,北京大

學出版社，1999 年。

11. 北京師範大學圖書館古籍部編，《北京師範大學圖書館古籍善本書目》，
    北京，北京圖書館出版社，2002 年。

12. 山東大學古籍圖書館編，《山東大學圖書館古籍善本書目》，濟南，齊魯
    書社，2007 年。

13. 張宗茹、王恆柱編纂，李伯齊審訂，《山東師範大學圖書館藏古籍書目》，
    濟南，齊魯書舍，2003 年。

14. 清華大學圖書館編，《清華大學圖書館藏善本書目》，北京，清華大學出
    版社，2003 年。

15. 嚴紹璗編著，《日藏漢籍善本書錄》，北京，中華書局，全三冊，2007 年。

16. 楊海清主編，《中南、西南地區省市圖書館館藏古籍稿本提要》，武漢，
    華中理工大學，附鈔本聯合目錄，1998 年。

17. 常書智，李龍如主編，《湖南省古籍善本書目》，長沙，岳麓書社，1998
    年。

18. 中國人民大學圖書館古籍整理研究所編，《中國人民大學圖書館古籍善本
    書目》，北京，中國人民大學出版社，1991 年。

19. 賈晉華主編，《香港所藏古籍書目》，上海，上海古籍書版社，2003 年。

20. 河遠景主編，《內蒙古自治區線裝古籍聯合目錄》，北京，北京圖書館出
    版，全 3 冊，2004 年。

21. 遼寧、吉林、黑龍江圖書館主編，《東北地區古籍線裝書聯合目錄》，瀋
    陽，遼海出版社，2003 年。

22. 中山大學圖書館編，《中山大學圖書館古籍善本書目》，桂林，廣西師範
    大學出版社，2004 年。

23. 浙江圖書館古籍部編，《浙江圖書館古籍善本書目》，杭州：浙江教育出
    版社，2002 年 11 月。

24. 王重民輯錄，袁同禮重校，《美國國會圖書館藏中國善本書目》，臺北，
    文海出版社，1972 年。

25. 沈　津，《美國哈佛大學哈佛燕京圖書館中文善本書志》，上海，上海辭
    書出版社，1999 年。

26. 柏克萊加州大學東亞圖書館編，《柏克萊加州大學東亞圖書館中文古籍善
    本書志》，上海，上海古籍出版社，2005 年。

27. 崔建英輯、賈衛民，李曉亞參訂，《明別集版本志》，北京，中華書局，
    19,954 頁，2006 年。

28. 武新立，《明清稀見史籍敘錄》，南京，江蘇古籍出版社，2000 年。

29. 林慶彰主編，《經學研究論著目錄（1988～1992）》，臺北，漢學研究中心，

1995 年。

30. 林慶彰，陳恆嵩主編，《經學研究論著目錄（1993～1997）》，臺北，漢學研究中心，2002 年。

31. 雷夢辰，《清代各省禁書彙考》，北京，書目文獻出版社，1989 年。

32. 蕭天石主編，《諸子概說與書目提要》，中國子學名著集成・珍本初編・卷首；第 1 冊，臺北，中國子學名著集成編印基金會 1978 年。

33. 劉葉秋主編，《中國古典小說大辭典》，石家莊，河北人民出版社，1998 年。

34. 葉孝信主編，《中國學術名著提要・政治法律卷》，上海，復旦大學出版社，1996 年。

35. 潘富恩主編，《中國學術名著提要・哲學卷》，上海，復旦大學出版社，1996 年。

36. 吳士余，劉凌主編，《中國學術名著大詞典》（古代卷），上海，漢語大詞典出版社，2000 年。

37. 朱一玄，《古典小說版本資料選編》（上）（下），太原，山西人民出版社，1986 年。

38. 施延鏞編，《中國叢書綜錄續編》，北京，北京圖書館，2003 年。

39. 東北師大古籍整理研究所辭書編輯室編著，《中國古籍整理研究論文索引（清末～1983）》，南京，江蘇古籍出版社，1990 年。

40. 嚴靈峯編著，《老列莊三子知見書目》，臺北，台灣書店，中華叢書，1965 年。

41. 嚴靈峯編著，《周秦漢魏諸子知見書目》，北京，中華書局，全 6 冊，1993 年。

42. 廈門大學歷史系編，《李贄研究參考資料》，廈門，福建人民出版社，全 3 冊，1975 年～1976 年。

三、學位論文

1. 吳哲夫，《清代禁燬書目研究》，嘉新水泥公司文化基金會叢書，嘉新研究論文第 164 種，嘉新水泥公司文化基金會出版，國立政治大學中國文學研究所，王夢鷗教授指導，1969 年。

2. 林其賢，《李卓吾研究初編》，東吳大學，中國文學研究所碩士論文，326 頁，王甦教授指導，1982 年。

3. 李英嬌，《李贄〈初潭集〉研究》，南華大學，文學研究所碩士，160 頁，鄭幸雅指導，2002 年。

4. 陳孟君，《李卓吾〈四書評〉與晚明新四書學》，暨南國際大學，中國語

文學系碩士論文，132 頁，楊玉成教授指導，2003 年。

四、現代專書論文

1. 容肇祖，《李贄年譜》，北京，生活、讀書、新知三聯書店，126 頁，1957 年。

2. 侯外廬，《中國思想通史》，北京，人民出版社，1960 年。

3. 容肇祖，《李卓吾評傳》，臺北，臺灣商務印書館，108 頁，1973 年，人人文庫 2036。

4. 〔日〕溝口雄三，《李卓吾——正道を步む異端》，東京，集英社，262 頁，1985 年。

5. 張善文，《李贄《易因》及《九正易因》考述》，李贄研究，泉州，社會科學聯合會編，頁 295～305，1989 年。

6. 張建業，《李贄與《九正易因》》，李贄研究，頁 30～44，泉州，社會科學聯合會編，1989 年。

7. 林其賢，《李卓吾事蹟繫年》，臺北，文津出版社，320 頁，1988 年，文史哲大系。

8. 張建業、許在全主編，《李贄研究》，光明日報出版社，1989 年。

9. 張建業，《李贄評傳》，福州，福建人民出版社，7,291 頁，1992 年。

10. 林海權，《李贄年譜考略》，福州，福建人民出版社，505 頁，1992 年。

11. 敏澤，《李贄》，臺北，萬卷樓圖書公司，中國古典文學基本知識叢書 56，4，97 頁，1993 年。

12. 〔日〕左藤鍊太郎，《李贄《李溫陵集》與《論語》——左派王學的道學批判》，論語の思想史，東京，汲古書院，1994 年。

13. 劉季倫，《李卓吾》，臺北，東大圖書，世界哲學家叢書，202 頁，1999 年。

14. 〔日〕岡田武彥著，吳光等譯，《王陽明與明末儒學》，上海，上海古籍出版社，2000 年。

15. 許建平，《李卓吾傳》，北京，東方出版社，405 頁，2004 年。

五、單篇論文

1. 〔日〕鈴木虎雄作、朱維之譯，〈李贄年譜〉，《福建文化》，第 3 卷，第 18 期，1935 年。

2. 烏以鋒，〈李卓吾著述考〉，《國立中山大學文史研究所輯刊》，第 1 卷第 2 期，頁 307～338。

3. 陳錦釗，〈李卓吾著述考〉，研究生，1971 年 1 月。

4. 傅家麟，〈從《史綱評要》看李贄的尊法反儒思想〉，《福建日報》，第 2 版，1974 年 7 月 27 日。

5. 晉江地區文管會資料組所整理，〈李贄著作目錄簡介〉，《李贄思想評介·資料選輯》，福州：福建省晉江地區文物管理委員會，頁 163～187，1975 年。

6. 潘甌，〈猛烈抨擊儒家"聖人、聖學、聖徒"的戰鬥作品——讀李贄的《四書評》〉，《光明日報》，1975 年 1 月 31 日，第 2 版。

7. 51034 部隊等《四書評》研究小組，〈一部具有重要意義的法家著作——讀李贄的《四書評》〉，《河南大學學報》（哲學社會科學版），1975 年第 1 期。

8. 51034 部隊等《四書評》研究小組，〈《四書評》評注選〉，《河北大學學報》（哲學社會科學版），1975 年第 1～2 期。

9. 福建泉州市文物管理委員會，廈門大學歷史系，〈介紹李贄的一部重要著作——明刻本《史綱評要》〉，《文物》，1974 年第 9 期（總第 220 號），頁 20～23，1974 年 9 月，《李贄思想評介·資料選集》，福州，福建省晉江地區文物管理委員會，頁 74～79，1975 年 5 月。

10. 福建師範大學圖書館，〈關於吳從先、何偉然的一些資料〉，《李贄思想評介·資料選集》，福州，福建省晉江地區文物管理委員會，頁 83～84，1975 年 5 月。

11. 〔日〕佐野公治，〈晚明四書解における四書評的位置〉，《日本中國學會報》，第 29 集，1977 年。

12. 崔文印，〈談《史綱評要》的真偽問題〉，《文物》，1977 年第 8 期（總第 255 號），頁 29～34，1977 年 8 月。

13. 鄭培凱，〈從《四書評》看李贄思想發展與儒學傳統的關係〉，《斗擻》第 28 期，1978 年 7 月。

14. 崔文印，〈李贄《四書評》真偽辨〉，《文物》，1979 年第 4 期（總第 275 期），頁 31～34，1979 年 4 月。

15. 崔文印，〈《四書評》不是李贄著作的考證〉，《哲學研究》，1980 年第 4 期，頁 69～71，1980 年。

16. 張建業，〈明代思想家李贄在山西〉，《山西師院學報》（社會科學版），1980 年第 1 期（總第 26 期），頁 12～19，1980 年 3 月。

17. 鍾肇鵬，〈焚書考〉，《中國歷史文獻研究集刊》，長沙，湖南人民出版社，頁 174～190，1980 年 9 月。

18. 張建業，〈從《孫子參同》看李贄的軍事思想——李贄研究之三〉，《福建師大學報》（哲學社會科學版），1980 年第 2 期（總第 20 期），頁 81～87，

1980 年 5 月。

19. 張建業，〈從《孫子參同》看李卓吾的軍事思想〉，《福建師範大學學報》，1980 年 2 期。

20. 葉朗，〈《四書評》並未嘲笑孔子〉（讀書札記），《北京大學學報》，1981 年第 2 期，頁 95～96，1981 年 4 月。

21. 陳泗東，〈《史綱評要》基本上是李贄所評纂〉，《泉州文史》，1981 年第 5 期，頁 23，1981 年。

22. 張建業，〈明代進步思想家李贄在河北〉，《河北師範大學學報》，1982 年第 1 期，頁 54～65，1982 年。

23. 王利器，〈《史綱評要》是吳從先假李卓吾之名以行〉，《社會科學戰線》，1982 年第 3 期（總第 19 期），頁 343～344，1982 年 7 月。

24. 劉建國，〈也談李贄《四書評》的真偽問題〉，吉林大學哲學系論文，頁 16～？，1982 年 12 月 1 日，《貴州社會科學》，1983 年第 3 期（總第 18 期），頁 19～25，1983 年。

25. 崔文印，〈李贄著作編年與考辨〉，《中國哲學》，第 12 期，頁 418～447，北京三聯書店，1984 年 4 月。

26. 朱鴻林，〈熙朝名臣實錄即續藏書考〉，《大陸雜誌》，第 72 卷第 6 期，頁 29～35，1986 年。

27. 朱鴻林，〈試論熙朝名臣實錄冒襲續藏書緣由〉，《大陸雜誌》，第 73 卷第 1 期，頁 35～37，1986 年。

28. 王才忠，〈從《藏書》看李贄的歷史觀〉，《湖北大學學報》（哲學社會科學版），1987 年第 5 期（總第 51 期），頁 100～103，1987 年 9 月。

29. 張建業，〈李贄與《九正易因》〉，《北京師院學報》（社會科學版），1988 年第 1 期（總第 60 期），頁 1～9，1988 年，《首都師範大學學報》（社會科學版），1988 年第 2 期，1988 年。

30. 李國庭，〈李贄生平及其著作譚要〉，《福建圖書館學刊》，1989 年第 1 期（總第 37 期，頁 20～22 轉 46，1989 年 3 月。

31. 陳秀娘，〈略談李贄著作的焚毀與流布〉，《福建圖書館學刊》，1989 年第 1 期（總第 37 期），頁 26～28，1989 年 3 月。

32. 朱紹侯，〈李贄對孔子的真實態度——讀《焚書》、《續焚書》箚記〉，《史學月刊》，1993 年第 4 期（總 204 期），頁 30～37，1993 年 7 月。

33. 白秀芳，〈近百年李贄研究綜述〉，《首都師範大學學報》，1994 年第 6 期（總第 101 期），頁 115～120，1994 年。

34. 〔日〕左藤鍊太郎，〈李贄《李溫陵集》與《論語》——左派王學的道學批判〉，《論語の思想史》，東京，汲古書院，1994 年。

35. 馬興東，〈《藏書》和李贄的史識〉，《史學史研究》，1995 年第 4 期（總

第 80 期），頁 52～56，1995 年 12 月。

36. 林正三，〈李贄《初潭集》評介〉，《德明學報》，第 11 期，頁 331～344，1996 年 3 月。

37. 羅永吉，〈《論語點睛》研究〉，《中華佛學研究》，第 1 期，1997 年。

38. 施忠連，〈《焚書》是如何批判假道學的？〉，《中國哲學》三百題，頁 892～895，臺北，建宏出版社，1998 年。

39. 任冠文，〈《續藏書》考辨〉，《史學史研究》，1998 年第 1 期，頁 56～63，1998 年。

40. 任冠文，〈《續藏書》的史論特色〉，《史學史研究》，1999 年第 2 期，頁 39～44，1999 年 6 月。

41. 任冠文，〈《初潭集》與李贄出家小議〉，《廣西師範大學學報》（哲學社會科學版），第 35 卷第 3 期，頁 99～101，1999 年 9 月。

42. 李慶，〈讀《焚書·續焚書》劄記二則〉，《中國典籍與文化》，2000 年第 3 期，頁 106～109，2000 年。

43. 張建業，〈李贄《明燈道古錄》的產生及其價值〉，《首都師範大學學報》，2000 年 4 期，頁 11～18，2000 年。

44. 張建業，〈李贄與《明燈道古錄》〉，《首都師範大學學報》，2000 年 4 期。

45. 繆宏才，〈焚書〉（簡介），《中國學術名著大辭典》，頁 108～109，吳士余、劉凌主編，上海，漢語大辭典出版社，2000 年 12 月。

46. 繆宏才，〈續焚書〉（簡介），《中國學術名著大辭典》，頁 109～110，吳士余、劉凌主編，上海，漢語大辭典出版社，2000 年 12 月。

47. 張凡，〈《藏書》是《焚書》的姊妹篇〉，《首都師範大學學報》（社會科學版），2002 年第 6 期（總第 149 期），頁 92～96，2002 年。

48. 黃霖，〈《焚書》原本的幾個問題〉，《文學遺產》，2002 年第 5 期，頁 89～95，2002 年。

49. 王紀錄，〈論清初三大思想家對李贄的批判——兼談早期啓蒙思想問題〉，《河南師範大學學報》（哲學社會科學版），第 29 卷第 6 期，頁 56～60，2002 年。

50. 劉平、高峰，〈略論李贄的孫子參同〉，《湖南大學報》（社科版），第 16 卷第 6 期，2002 年 11 月，頁 65～68。

51. 左藤鍊太郎，〈蘇轍與李贄《老子解》的對比研究〉，《首都師範大學學報》（社會科學版），2002 年第 6 期（總第 149 期），頁 97～10，2002 年 12 月。

52. 錢茂偉，〈《藏書》人物史論的市民思想色彩〉，《明代史學的歷程》，第 15 章第 3 節，頁 345～352，社會科學文獻出版社，2003 年。

53. 陳蘄、陳瑞生，〈論李贄對晚明文學哲學的影響〉，《湖北廣播電視大學學報》，第 20 卷第 1 期，頁 89～92，2003 年 3 月。

54. 王忠閣，〈論李贄《初潭集》對理學思想的批判〉，《江漢論壇》，2003 年第 3 期（總第 278 期），頁 78～80，2003 年 3 月。

55. 趙慶元、劉和文，〈簡論李贄對晚明皖南戲曲家的影響〉，《福州大學學報》（哲學社會科學版），2003 年第 3 期（總第 62 期），頁 77～81，2003 年。

56. 余愛華，〈《焚書》中與李贄交游的麻城人物初探〉，《黃岡師範學院學報》，第 24 卷第 4 期，頁 65～69 轉 93，2004 年 8 月。

57. 鄔國平，〈也談《焚書》原本的問題〉，《清華大學學報》（哲學社會科學版），第 19 卷第 2 期，頁 45～50，2004 年。

58. 寧稼雨，〈初潭集二十八卷（簡介）〉，《中國古代小說總目》，文言卷，頁 40，石昌渝主編，太原，山西教育出版社，2004 年 9 月。

59. 李珍梅，〈李贄大同行述論〉，《雁北師範學院學報》，第 21 卷第 1 期，頁 62～64，2005 年 2 月。

60. 黃高憲，〈黃壽祺《續焚書校勘》述評〉，《閩江學院學報》，第 25 卷第 1 期，頁 105～112，2005 年 2 月。

61. 王建光，〈李贄《老子解》的“無爲”思想〉，《安徽大學學報》（哲學社會科學版），第 29 卷第 2 期，頁 6～9，2005 年 3 月。

62. 王靖懿，〈論李贄《坡仙集》的選目、批點及其反映的文學觀〉，《黃岡師範學院學報》，第 25 卷第 2 期，頁 57～59，2005 年 4 月。

63. 鄭欣，〈淺析李贄的婦女觀及其深遠影響〉，《經濟管理幹部學院學報》，2005 年第 4 期（總第 69 期），頁 122～124，2005 年 8 月。

64. 盧永和，〈論李贄《四書評》的文學化批評傾向〉，《肇慶學院學報》，第 27 卷第 1 期，頁 1～4，2006 年 2 月。

65. 王俊才，〈論李贄思想與明末創新叛逆思潮〉，《廊坊師範學院學報》，第 22 卷第 3 期，頁 43～47，2006 年 9 月。

66. 許蘇民，〈論李贄思想的歷史地位和歷史命運〉，《福建論壇》（人文社會科學版），2006 年第 4 期，頁 66～71，2006 年 12 月。

67. 陳美珍，〈李贄“童心說”對俗文學的影響〉，《延安大學學報》（社會科學版），第 29 卷第 1 期，頁 50～52，2007 年 2 月。

68. 柳媛、鐘明華，〈論近代中國啓蒙的傳統思想資源〉，《求索》，2007 年第 7 期，頁 215～217。

69. 李超，〈百年李贄研究回顧〉
http://www.qzwb.com/qzx/content/2006-08/16/content_2164016.htm （2008 年 3 月 1 日檢索）。

70. 許建平，〈《焚書》刊刻過程、版本及眞僞〉，《復旦學報》（社會科學版），

2008 年第 5 期，頁 104-114，2008 年。

71. 楊秀華，〈李卓吾評點散文《四書評・論語》研究〉，《新生學報》，第 3
期，頁 201-234，2008 年 7 月。

72. 賈占林，〈論李贄宗教情懷在《初潭集》中的顯現〉，《百色學院學報》，
第 21 卷第 5 期，頁 129-132，2008 年 10 月。

73. 鄧克銘，〈李卓吾四書評解之特色：以「無物」、「無己」爲中心〉，《文與
哲》，第 13 期，頁 91～120，2008 年 12 月。

六、資料庫與電子文獻

1. 國家圖書館・中文古籍書目資料庫
http://rarebook.ncl.edu.tw/rbook.cgi/frameset4.htm

2. 國家圖書館・古籍影像檢索系統
http://rarebook.ncl.edu.tw/rbook.cgi/hypage.cgi?HYPAGE=home/rbook_hom
e.htm

3. 國家圖書館・全國博碩士論文資訊網
http://etds.ncl.edu.tw/theabs/index.html

4. 北京愛如生中國古籍資料庫：中國基本古籍庫 http://www.ersjk.com/

5. 北京愛如生中國古籍資料庫：中國叢書庫 http://www.ersjk.com/

6. 中國知識資源總庫：中國期刊全文數據庫

7. 中國知識資源總庫：中國期刊全文數據庫（世紀期刊）

8. 中國知識資源總庫：中國工具書集錦在線

9. 中國知識資源總庫：中國優秀碩士學位論文全文數據庫

10. 東京大學東洋文化研究所所藏漢集目錄資料庫
http://shanben.ioc.u-tokyo.ac.jp/index.html

11. 「寒泉」古典文獻全文檢索資料庫
http://120.126.128.141/coolspring/index.htm

12. 中研院漢籍電子文獻：正統道藏

13. 中國大百科智慧藏

14. 《四庫全書總目》糾誤兩則，吳德義
http://www.tenyun.com/HuiJiLiLun/20080319/333742-1.shtml

15. 國立故宮博物院善本古籍資料庫
http://npmhost.npm.gov.tw/tts/npmmeta/RB/RB.html

16. 卓克藝術拍賣網站
http://www.zhuokearts.com/artist/art_display.asp?keyno=278299（檢索日期
2009 年 3 月 20 日